これだけは知っておきたい

内部監査の基本 六訂版

Internal Auditing

川村眞一 [著]
Kawamura Shinichi

同文舘出版

六訂版はしがき

　内部監査の入門書として2006年9月に本書初版を刊行以来、幸いにも多数の読者を得て、2008年1月に新訂版、2010年2月に三訂版、2012年2月に四訂版、2014年7月に五訂版の刊行を重ねることができました。

　その重版の残り僅かとなった今般、あれもこれもの解説はしないとの刊行当初の基本方針に背かない範囲で、会社法の改正、コーポレート・ガバナンス改革等の過去2年間の出来事を盛り込みかつ講習会の都度工夫をこらしてきたよりわかりやすい解説の内容と文章に改め、六訂版として刊行することとしました。

　大きく改訂した部分は、第3章のコーポレート・ガバナンス及び改正会社法の解説、第5章の従来の一般的内部監査の弱点及び失敗の主因、第6章の反省をすることの重要性及び不適切な監査意見の例示等です。

　経営に貢献する内部監査とは、経営者（取締役会、最高経営執行者、その他経営執行者等）の視点で的確に検証、評価、報告して経営判断に資するものであり、金銭的損失及び会社の信用低下をもたらすリスクを内包する異常な事態の抜本的解消に有効な施策を監査先の責任者に提供してその実現に導いて、自社及び企業集団各社の健全かつ継続的発展に資するものです。

　内部監査人の皆さんには、内部監査の基本知識を身に付けて、社内外から高評価を受け、感謝され、信頼され、敬意を払われる、内部監査を実施して戴きたいと願っています。ガンバレ、内部監査人！

2016年6月

川　村　眞　一

筆者の内部監査に対する基本的姿勢

私は、内部監査について、以下のように考えています。

① 内部監査は、会社等の事業体における健康診断であるが、経営に貢献する実効を上げなければ評価されない。

② 無目的かつ無意識的に行なう監査では、内部監査の実効は上がらない。自分で考えず監査マニュアルに頼っていると、単なる書類の作成に終わり、内部監査を行なったことにはならない。

③ 内部監査の基本を習得すれば、内部監査を実施する上での要領が理解できる。その実施要領を理解し、知恵を生かして応用をすれば、達成感と満足感が得られる有効な監査を実施できる。

④ 達成感と満足感が得られる有効な監査を実施すれば、内部監査の実効を上げることができる。

⑤ 実効を上げる内部監査を実施すれば、高く評価され、感謝され、敬意も払われる。達成感と満足感を味わい高い評価を得ると、監査業務が楽しくなり、内部監査の品質を上げることができる。

実効を上げる内部監査を実施するために不可欠の要素は、内部監査の基本の習得と知恵の活用による応用です。

基本とは、物事の根本原理の認識、思考、判断の拠り所であり、学習及び習得の土台となる基礎とは異なるものです。

往々にして、目的と目標の混同、目的と手段の混同、これらの混同による本末転倒の行動と結果が生じます。

内部統制を整備する目的は、自社及び企業集団各社の健全かつ継続的発展を確実にすることにあります。内部統制は、あくまでもそのための手段即ち目標であり、目的ではありません。

業務の有効性及び効率性の向上、財務報告の信頼性の向上、法令及び規則の遵守、会社の資産の保全等は、会社の健全かつ継続的発展という事業目的を実現するために達成しなければならない経営目標です。

　内部統制は、この経営目標を達成するために不可欠の経営管理の手段又は用具であり、組織の設置、社内規程及び基準の制定、重要資産及び情報へのアクセス制限、職務の分担、裁量権限の付与、業務の記録及び保存、二重点検、複数の関連情報の照合、記録と現物の照合及び調整、業績評価及び差異分析等の様々の決め事の整備と総ての役職員の実践によって有効に機能します。

　内部監査は、これも経営管理手段の１つですが、その目的は会社及び事業体の健全かつ継続的発展の支援にあり、財務報告に係る内部統制の整備を目的とする有効性の評価の業務とは異なるものです。

　財務報告に係る内部統制の整備によって財務報告の信頼性を確保するだけでは、事業体の健全かつ継続的発展は保証されません。

　内部監査人の職務とは、立派な監査報告書を提出することではなく、経営目標の達成、事業の継続、事業体の存続を危うくする異常な事態の抜本的排除に有効な助言を監査先責任者に提供しかつ実行に導いて実現させることによる、事業体の健全かつ継続的発展への貢献及び最高経営執行者等に対する経営上の有用情報の提供です。

　内部監査の実効を上げるためには、何を目標にどのような監査手続を選択し、どのような局面でどのように適用するのかという、内部監査の基本を理詰めでしっかりと理解しておかなければなりません。

　内部監査の基本を習得していれば、適切な監査手続の選択及び適用が可能となるので、重要な監査要点の有効かつ効率的検証及び監査証拠の入手が容易に可能となります。

人は、一般に、業務の手順、様式、記載要領等を記載したマニュアル形式の書籍を好む傾向にありますが、内部監査の業務は、社内組織及び子会社等に対する健康診断及び加療のための助言活動ですから、マニュアル本に書いてあるように画一的に行なうものではありません。

　被験者毎に異なる病気に罹っている部分及び病気に罹りそうな部分を徹底的に検証して被験者の健康状態又は病状を確認し、病気の予防又は治療に役立つ助言を提供しなければなりません。

　本書は、監査人が、被験者毎に異なる症状に応じて、知恵を働かせて多面的に検証し、平衡感覚と一般常識で病状及び原因を特定し、病気の治療及び再発の防止又は健康の回復及び維持に役立つ適切な助言を提供する、真に実効のある監査を実施するために必要不可欠な、内部監査の基本を解説するものです。

　内部監査においては、以下の５つを心掛けることが肝要です。
① 監査目標に適合する合理的（効果的、効率的、経済的）監査実施計画の立案並びに監査手続の選択及び適用を実行する。
② 経営者の観点で合理的に（費用対効果を意識して）実施する。
③ 監査対象の実情が理に適っているか（道理、法則、原理に適っているか）どうかの観点で検証して事実を確認する。
④ 全体最適の観点で監査意見を形成する。
⑤ 確認した事実と適切な助言を正確に伝達する。

　私は、本書を執筆するに当たり、上記５つに加えて、内部監査以外の業務にも通用する事柄を記載するように心掛けました。

　本書で解説する内部監査の基本を理解すれば、物事を観察する視野が拡大し、深度が増大し、多面的な考察と検証による実態の把握と確認ができるようになり、内部監査以外の業務にも役立つと思います。

私は、以下の基本方針で、本書を執筆しました。
① 内部監査組織に配属され未知の業務に不安を感じている初心者を元気づけ、内部監査業務の習得の一助とする。
② あれもこれもの解説は行なわず、内部監査とはおおよそこういうものである、こういうものから習得を始めてはどうか、内部監査の基本と実施上の要領はこれである、という解説に努める。
③ 関係書類の様式や記載要領の例示は、模写という弊害をもたらすだけなので、行なわない。
④ 有効な監査の実施に必要な思考（想像、着眼、点検、確認等）とその要領の解説に重点をおく。
⑤ 平易な解説とするため枝葉末節の部分を省略するが、この程度を理解していれば十分に対応が可能という水準は確保する。

執筆上の具体的方針と本書の構成との関係は、以下の通りです。
① 実効を上げる内部監査を実施するために不可欠の要素である内部監査の基本事項をわかりやすく解説する。
　＊第１章で、内部監査とその業務について解説
　＊第２章で、外部監査及び監査役監査との違いについて解説
② 健全かつ継続的発展が会社の事業目的であり、その実現の支援が内部監査の目的であることをわかりやすく解説する。
　＊第２章で、外部監査及び監査役監査との違い、継続企業の重要性と継続企業への内部監査の貢献について解説
③ 実効を上げる内部監査を実施するために必要な関連事項をわかりやすく解説する。
　＊第３章で、コーポレート・ガバナンス、内部統制、リスク・マネジメント、コンプライアンスという４つのキー・ワードについて解説

④　全般的内部統制を有効に機能させるために必要不可欠のモニタリングと内部監査の重要性を解説する。
　＊第4章で、モニタリングの意味と重要性、特に内部監査の重要性、不正のトライアングルの中の機会の排除の重要性について解説
⑤　経営に貢献する現代の実践的内部監査とはどのようなものかをわかりやすく解説する。
　＊第5章で、現代の実践的内部監査を健康診断にたとえ、その目的と実効を上げるための要件等について解説
⑥　内部監査の実効を上げるための要領をわかりやすく解説する。
　＊第6章で、監査リスク・ベースの監査の手法と内部監査の手続等について解説
⑦　最高経営執行者と内部監査人に向けた提言を行なう。
　＊第7章で、最高経営執行者の責務と内部監査人の本務、内部統制に関連して両者が銘記すべき事項等について解説

本書は内部監査の基本事項の解説書ですから、具体的実務については本書の姉妹編(何れも同文舘出版)を参照して下さい。
『これだけは知っておきたい内部監査の実務(三訂版)』
『これだけは知っておきたい内部監査の手法①〈グループ会社の内部監査〉』
『これだけは知っておきたい内部監査の手法②〈不正・異常性発見の内部監査〉』
『これだけは知っておきたい取締役・監査役・監査部長等にとっての内部監査』

目　次

第1章　内部監査の基本

I　何事も基本が第一 … 2
1　内部監査は難しいものではない … 2
2　基本を身に付けることの重要性 … 3
3　仕事で成果を上げるためには … 3
4　目的と目標の違い … 4
5　業務目的の認識が重要 … 5
6　内部監査の実効を上げるためには … 6

II　内部監査の業務とは … 8
1　内部監査は専門家との議論ではない … 8
2　内部監査人の基本的任務 … 8
3　内部監査人に必要なもの … 9

III　新人教育をどのように行なうか … 11
1　規程や手順の丸暗記は無意味 … 11
2　内部監査の基本業務 … 12
3　内部監査の基本的点検事項 … 13

第2章　監査とは

I　監査の本質とその種類 … 16
1　監査の本質 … 16
2　監査の種類 … 18
3　三様監査とは … 19

	4	外部監査と監査役監査 …………………………………… *19*
	5	内部監査 ……………………………………………………… *21*
Ⅱ	三様監査の目的 ……………………………………………………… *24*
	1	外部監査の目的 …………………………………………… *24*
	2	監査役監査の目的 ………………………………………… *27*
	3	内部監査の目的 …………………………………………… *29*
	4	法定監査の目的の相違点 ………………………………… *30*
	5	三様監査の目的の相違点 ………………………………… *30*
Ⅲ	継続企業であることの重要性 …………………………………… *31*
	1	継続企業の意味とその重要性 …………………………… *31*
	2	継続企業となるために不可欠の要素 …………………… *31*
	3	継続企業に貢献する内部監査 …………………………… *32*

第3章　内部監査と密接に関係する4つのキー・ワード

　　　　　コーポレート・ガバナンス（企業統治）
　　　　　インターナル・コントロール（内部統制）
　　　　　リスク・マネジメント（リスク管理）
　　　　　コンプライアンス（法令の遵守＋社会規範の尊重）

Ⅰ	コーポレート・ガバナンス ……………………………………… *34*
	1	コーポレート・ガバナンスとは ………………………… *34*
	2	コーポレート・ガバナンスの形態の変化 ……………… *36*
	3	英国のコンバインド・コードと新たな2つのコード …… *42*
	4	日本版の2つのコード …………………………………… *43*
	5	今日のコーポレート・ガバナンス ……………………… *44*
	6	コーポレート・ガバナンスと内部統制の関係 ………… *46*

Ⅱ	インターナル・コントロール	48
1	インターナル・コントロールとは	48
2	米国の内部統制の歴史	49
3	COSO報告書	53
4	1977年海外不正行為防止法	57
5	1991年連邦預金保険公社改善法	58
6	2002年サーベインズ・オクスリー法	58
7	日本の内部統制に関係する法律等	62
8	会社法と内部統制	65
9	金融商品取引法と内部統制	69

Ⅲ	リスク・マネジメント	73
1	リスク・マネジメントとは	73
2	リスク・マネジメントのプロセス	75
3	リスクの評価とリスク・マトリクス	76

Ⅳ	コンプライアンス	80
1	コンプライアンスとは	80
2	今日のコンプライアンス	81
3	何故「コンプライアンス(法令遵守)」と書くのか	82
4	コンプライアンス=法令遵守と誤解するとどうなるか	83
5	コンプライアンスと内部統制の関係	85

Ⅴ	4つのキー・ワードの相関関係	86
1	コーポレート・ガバナンス	86
2	インターナル・コントロール	87
3	リスク・マネジメント	88
4	コンプライアンス	89

5　4つのキー・ワードと内部監査の関係 …………………………… *90*

第4章　モニタリングと内部監査の重要性

Ⅰ　有効なモニタリングの重要性……………………………………*94*
　　1　モニタリングとは………………………………………………*94*
　　2　リスク・マネジメントにおける3つの防衛線とは…………*96*
　　3　不正のトライアングルの排除の重要性………………………*97*

Ⅱ　内部統制と内部監査の関係 ………………………………………*99*
　　1　内部統制と内部監査は異なるもの ……………………………*99*
　　2　内部監査は内部統制の一部ではない ……………………………*100*
　　3　財務報告に係る内部統制の評価と内部監査は異なるもの ……*101*
　　4　内部監査人の財務報告に係る内部統制の評価への対処……*104*
　　5　継続企業に貢献する内部監査の重要性………………………*105*

第5章　現代の実践的内部監査

Ⅰ　経営に貢献する内部監査とは ……………………………………*108*
　　1　経営に貢献する内部監査の3つの視点………………………*108*
　　2　現代の実践的内部監査の概観 …………………………………*109*
　　3　現代の実践的内部監査の目的 …………………………………*111*
　　4　現代の実践的内部監査の3つの機能 …………………………*113*
　　5　現代の実践的内部監査の実効 …………………………………*114*
　　6　実効を上げる内部監査の必須の要件 …………………………*115*
　　7　内部監査人の属性と本務 ………………………………………*116*

Ⅱ　従来の一般的内部監査の弱点及び失敗の主因 …………………*119*
　　1　従来の一般的内部監査の弱点 …………………………………*119*
　　2　内部監査の実効を上げられない主因 …………………………*121*

第6章　実効を上げる内部監査とは

- Ⅰ 実効を上げる内部監査の基本的要素 …………………… 124
  - 1 内部監査人としての心構えの保持 …………………… 126
  - 2 内部監査の基本的手続と要領の理解 ………………… 130
  - 3 監査リスク・ベースの監査の実施 …………………… 130
- Ⅱ 監査リスク・ベースの監査 ……………………………… 131
  - 1 有効な内部監査とは …………………………………… 131
  - 2 監査リスク・ベースの監査とは ……………………… 131
- Ⅲ 監査リスク・ベースの監査手法 ………………………… 133
  - 1 監査リスク・ベースの監査手法とは ………………… 133
  - 2 監査リスクの構成要素 ………………………………… 133
  - 3 財務諸表監査の監査リスクとその構成要素 ………… 134
  - 4 内部監査の監査リスクとその構成要素 ……………… 135
  - 5 財務諸表監査の監査リスクの概念図 ………………… 136
  - 6 内部監査の監査リスクの概念図 ……………………… 137
  - 7 監査リスク・ベースの監査の論理 …………………… 138
  - 8 監査リスクをもたらす原因 …………………………… 141
- Ⅳ 監査リスク・ベースの監査手法の活用 ………………… 143
  - 1 監査リスク・ベースの監査計画の作成 ……………… 143
  - 2 監査リスク・ベースの個別監査の実施 ……………… 144
  - 3 適切な監査要点設定の重要性 ………………………… 145
- Ⅴ 内部監査の基本的手続の概要 …………………………… 149
  - 1 基本的手続は3段階 …………………………………… 149
  - 2 実践的内部監査の基本的手続 ………………………… 150
  - 3 3つの段階の留意事項 ………………………………… 152

4　内部監査における予備調査の重要性 ………………………… *153*
　　　5　予備調査の目的と実施要領 …………………………………… *154*
　Ⅵ　実践的内部監査の具体的手続 …………………………………………… *157*
　　　1　予備調査の業務 ………………………………………………… *157*
　　　2　本格監査の業務 ………………………………………………… *159*
　　　3　意見表明の業務 ………………………………………………… *162*
　Ⅶ　内部監査の実効を上げる監査意見 ……………………………………… *164*
　　　1　不適切な監査意見と適切な監査意見の対比 ………………… *164*
　　　2　失敗は成功の母：何事も反省をすることの重要性 ………… *170*
　　　3　その他の不適切な監査意見の例示 …………………………… *171*
　Ⅷ　実効を上げる内部監査の要領と手続 …………………………………… *173*
　Ⅸ　経営に貢献する内部監査実施上の留意事項 …………………………… *177*
　　　1　監査全般における留意事項 …………………………………… *177*
　　　2　予備調査における留意事項 …………………………………… *177*
　　　3　実地監査における留意事項 …………………………………… *178*
　　　4　意見表明における留意事項 …………………………………… *178*

第7章　最高経営執行者等と内部監査人への提言

　Ⅰ　最高経営執行者等への提言 ……………………………………………… *180*
　　　1　最高経営執行者等の義務 ……………………………………… *180*
　　　2　最高経営執行者等にとっての内部統制と内部監査 ………… *182*
　　　3　最高経営執行者等が銘記すべき事項 ………………………… *182*
　Ⅱ　内部監査人への提言 ……………………………………………………… *185*
　　　1　内部監査人としての本務の再認識 …………………………… *185*
　　　2　内部監査人の内部統制への関与 ……………………………… *186*

	3	本務に反する業務命令にどう対処するか	*186*
	4	IIAの『姿勢声明』	*189*
	5	内部監査なくして会社の発展なし	*190*

法令用語の約束事 *193*
監査用語の解説 *195*
索　引 *199*

コラム

1	基礎と基本の違い、知識と知恵の違い	10
2	監査マニュアルの長所と短所	14
3	粉飾と逆粉飾	36
4	Integrity	118
5	Whisky, Whiskey, Bourbon, Disney	142
6	内部監査の歴史と目的の変遷　その1	172
7	内部監査の歴史と目的の変遷　その2	176
8	ハインリッヒの法則とヒヤリ・ハット	192

第1章

内部監査の基本

　内部監査とは、株式会社等の事業体の定期健康診断であり、内部監査人は、その診断医である。

　内部監査人は、被験者に対して、診断結果（未病又は既病の程度）を説明し、予防又は加療及び再発防止の処置を助言する。

何事も基本が第一

1　内部監査は難しいものではない

　内部監査を行なうには専門分野の知識と経験が必要と考えて不安を感じるかも知れませんが、内部監査の基本は、注意を払い、知恵を働かせて検証し、感性を働かせて異常性を感知し、論理的に思考しかつ平衡感覚と一般常識で検討して判断することであり、容易に習得できます。
　法令や社内規程等に照らした判断も必要ですが、これらについては、監査実務の中で、徐々に理解していけば十分です。

　内部監査人にとって最も重要なことは、知識よりも知恵の活用です。知識と知恵は、似ていますが、根本的に異なるものです。
　面談相手が常に真実を語るとは限りません。真摯に答えていないとの疑いがあるときは時間をおいて別の角度から質問をして回答の矛盾点を突く機転を利かす必要がありますが、知恵がないとできません。
　各分野にそれぞれの専門家がいますから、１人で彼らと同等の知識や経験を習得するのは不可能です。内部監査人は、内部監査の経験を積み重ねて、内部監査の専門家となればよいのです。
　内部監査人になるだけでも大変なのにと思われるかも知れませんが、内部監査の専門家になるのは決して難しいことではありません。
　自分の知恵を育み、平衡感覚（均衡のとれた物事の見方や捉え方）を働かせ、物事の本質を見抜く感性を養えばよいのです。

例えば、監査先の任務や主要業務は何であり、その目標は何か、その業務に適用される法令や社内規程は何であり何のためなのかを把握し、感性を働かせて、業務の実態が妥当なものか、十分なものか等の観点で点検し、論理的に思考し、平衡感覚と一般常識で判断することにより、適切ではないのではないかとか改善が必要なのではないか等の疑問を持ち、詳しく検証することによって適切な評価や判断が可能となります。

2 基本を身に付けることの重要性

物事に熟達するためには、或いは効率的に遂行するためには、何事であれ、先ずその基本を理論的に理解し、次に個々の技術を身に付けて、理に適った適用及び応用をすることが肝要です。

基本は、一般的に、基礎と混同されたり、軽視されたりしがちですが、両者は、以下の通り、異なるものです。

基礎とは、その上に物事をしっかりと積み上げるための、土台です。

基本とは、思考、判断、行動、方法等の拠り所となる物事の根本原理です。基本を身に付けないことには、様々な応用技術を憶えても有効に活用できませんし、それを支える基礎も築くことができません。

3 仕事で成果を上げるためには

どのような仕事であれ、その成果を上げる（よい結果をだす）ためのコツ（要領）があります。それは、以下の5つです。

(1) **目的の認識**
　先ず、その仕事は何のために行なうのかを明確に認識する。

(2) 目標の設定

次に、何を成果物とするのかという具体的業務目標を明確に定め、それを仕上げる期限を定める。

(3) 計画の作成

次に、その仕事を効率的に行ないかつ成果を上げるための方法及び手順（いわゆる仕事の段取）を検討し、それを実施するための具体的かつ詳細なプログラム（いわゆる行程表）を作成する。

行程表と工程表はその意味が若干異なるが、ここではどちらでもよい。

(4) 計画の実行

次に、プログラムの内容を実行に移す。進行状況及び有効性を適宜確かめ、工夫及び改善を加えながら、目標の達成を図る。

(5) 結果の報告

最後に、その結果を簡潔明瞭に報告する。

4　目的と目標の違い

目的は、実現するために目指す的(まと)であり、通常は抽象的な事柄です。目標は、目的に到達するための標(しるべ)、つまり具体的な事柄です。

物事を実現するためには、先ず目指す目的を明確に設定し、次にその目的に至る道標（里程標又はマイル・ストーン）としての目標を設定し、それらを着実に達成していかなければなりません。

目標は、目的を実現するために設ける目印或いは段階ですが、目的を実現するための具体的な手段及び行為でもあります。

例えば、事業目的を実現するための手段が、毎年の経営目標の着実な達成です。

　ある目的の実現のために第1の目標（手段）を設定し、第1の目標の達成のために第2の目標（手段）を設定し、第2の目標の達成のために第3の目標（手段）を設定するという関係ですが、途中で目的と手段を混同したり取り違えたりしがちですから、注意が必要です。

目的は基本的に抽象的なものであり、目標はそれを具体化したものである。
目標は、その究極にある目的を実現するために設定した当面の目印である。
目的は、それぞれの目標の達成を積み重ねることにより、実現可能となる。

5　業務目的の認識が重要

　内部監査は、経営者（取締役会及び最高経営執行者等）から内部監査組織及び内部監査人に付与（委託）された代理業務であり、その遂行によって一定の目的を実現するために実施するものであって、自己満足のために実施するものではないし、その実効を上げなければ、付与された代理業務を完遂したことにはなりません。

　会社等の事業体の事業目的は、毎年の経営目標を着実に達成して健全かつ継続的発展を実現することにあります。

　内部監査組織の業務目的は、事業体の経営目標の達成及び事業目的の実現を確実なものとするよう、支援することにあります。

6　内部監査の実効を上げるためには

　内部監査の実効を上げるためには、何を目的及び目標に、どのような手続を、どのような局面で、どのように適用するのかという内部監査の基本を理詰めでしっかりと理解しておくことが肝要です。
　内部監査の目的、手続、実効等の基本をしっかりと理解し、かつ身に付けていなければ、監査マニュアルに記載されている手順と書式で監査報告書を作成するための単なる文書化作業に終わり、内部監査の実効を上げることができません。

　監査技術や監査手続等の解説書を読んでも、それらを適用する目的、対象、局面、種類、方法を理解して実行しなければ、単なる点検作業の真似事に終わり、指摘及び提言すべき異常な事態を発見できません。
　内部監査の基本を理解し体得すれば、適切な監査技術の選択と適用が可能となるので、重要な監査要点の有効かつ効率的な検証と監査証拠の入手が容易に可能となります。
　要するに、何故そうなるのか（何を、いつ、どのようにすれば、どのような効果がでるのか）、そうするためにはどうすればよいのか、どのように応用すればよいのか、という基本をしっかりと理解し、かつ実践することによって、個別監査の目標を達成することができるのです。

　内部監査の実効を上げて経営者（取締役会及び最高経営執行者等）の附託（依頼）に応えるためには、次の6つの監査手続を実施しなければなりません。実効を上げる内部監査の手続については、第6章のⅤ及びⅥで具体的かつ詳細に解説します。

(1) 監査目的の認識

先ず、内部監査の組織目的を明確に認識する。
What forを理解せずにHow toを習得しても、役に立たない。

(2) 監査目標の設定

次に、個別内部監査で目標とする成果物及びその提出期限を明確に設定する。

(3) 監査実施手順書の作成

次に、個別内部監査を効率的に実施しかつ実効を上げるための方法及び手順を検討し、その実施のための監査実施手順書を作成する。

(4) 監査実施手順書の実行

次に、その監査実施手順書を実行に移す。進行状況及び有効性等を随時に確かめ、工夫及び改善を加えながら、目標の達成を図る。

(5) 監査結果の通知及び報告

その上で、①（監査結果通知書で）監査先責任者に当該監査の結果及び監査意見を伝達する。②（監査報告書で）最高経営執行者にその概要を報告する。

(6) フォロー・アップの実施

更に、監査意見への対処を記載した回答書を監査先責任者から取り付け、適当な時期に監査先が実現したかどうかを確かめるために、フォロー・アップを実施する。内部監査はフォロー・アップ報告書に対する監査部長の承認をもって完結する。

内部監査の業務とは

1　内部監査は専門家との議論ではない

　内部監査人は専門性(エクスパティーズ)の高い分野でその専門家と対等に議論できないと言う人がいますが、内部監査は専門性を追及するために実施するものではありません。人には得手と不得手があります。
　レオナルド・ダ・ヴィンチも語学は苦手だったそうです。
　専門分野の知識や経験の豊富な人達にも弱点や苦手とするものがあります。専門分野の知識や技術を身に付けた学者や技術者のタイプの人は得てして採算性やビジネス・リスクの面では無頓着なものです。
　内部監査人は、専門的知識や経験の豊富な人が苦手としている業務や手続上の不備を一般常識で評価して判断すればよいのです。

2　内部監査人の基本的任務

　内部監査人の基本的任務は、様々な専門的分野の業務に普遍的に存在しており、監査先の専門家が気付いていない又は苦手としている、組織及び業務上のムリ、ムラ、ムダ、誤謬(ミス)、怠慢、違反、未対処の重大なリスク、内部統制の不備等の異常な事態を発見し、その原因及び実情を指摘し、その抜本的解消に有効な助言を提供することです。
　異常な事態とは、正常ではない事態、そのままに放置できない事態、つまり抜本的に解消しなければならない事態です。

3　内部監査人に必要なもの

　内部監査人の基本的任務は監査先に潜在している異常な事態の抜本的解消に貢献することですから、内部監査人に必要なものは、専門分野の知識や経験よりも、異常な事態を感知する注意力、感性、物事の本質を見抜く知恵、異常な事態であると識別する論理的思考能力、平衡感覚、一般常識です。

　内部監査人の基本的任務は、監査先の組織及び業務上に潜在している異常な事態を発見し、その抜本的解消に有効な助言を提供することですから、注意力と感性を活かして異常性を感知し、知恵を活かして物事の本質を見抜き、平衡感覚と一般常識で判断すればよいのです。

　監査先の任務及び業務は何であり、その目標は何か、その業務に適用される法令、規則、社内規程、基準等として何があり、何のためなのか等の、根幹の概念の把握及び理解ができれば、その業務は妥当なのか、十分なのか、不適当ではないのか等の疑問を持ち、更に詳しく検証することによって、適切な評価と判断が可能となります。

　内部統制が有効に運用されているかどうか（＝有効に機能しているかどうか）の点検や判断も難しいものではありません。

　その基本は、内部監査の対象とした業務が一般常識に適合しているかどうかを考えることです。

　一般常識に照らしておかしいと思った行為や事態に遭遇したときに、社内規程及び基準等に当たればよいのです。

　懸念した行為や事態が社内規程に違反していないかどうかの検討は、その段階で行なえば十分です。

一般常識とは、専門家でない一般人が持っている一般知識、理解力、判断力、思慮分別です。

　監査業務の基本は、事実を見抜き、その正否、可否、是非を客観的に判断することです。但し、相手の事情に惑わされて判断を誤らないよう十分に注意しなければなりません。

> **column 1**
>
> ## 基礎と基本の違い、知識と知恵の違い
>
> 　**基礎**とは、学習、習得、鍛練、強化等の土台となるものである。
> 　**基本**とは、物事の根本原理の認識、思考、判断の拠り所となるものである。
> 　「基本」を「初歩」と同義語であると誤解すると、「基礎」との違いを識別できないばかりか、基本を身に付けていない基礎の上の構築物は、砂上の楼閣となる。
> 　**知識**とは、知っている事柄やその内容等であり、勉強や経験によって積み重ねていくものである。
> 　**知恵**とは、物事の道理、筋道、真実、本質を理解して正しく処理する能力、つまり環境及び状況の変化、未知及び予測不可能の事態等の何事にも臨機応変に対応できる応用力及び適応力の基礎となる能力であり、身に付け、育み、磨いていくものである。
> 　知識は問題を解決する手段又は道具であるが、知識が豊富であっても知恵を活用しない人は、その思考がその人の持っている知識及び経験に限定されて、未知及び未経験の事態に対処できない。
> 　専門的知識及び経験が豊富ではなくても知恵の豊富な人は、未知及び未経験の事態に遭遇しても、その対処法を考え出せる。

新人教育をどのように行なうか

1 規程や手順の丸暗記は無意味

　新入部員にとって最初に必要なことは、内部監査とその業務とは如何なるものかの理解です。内部監査規程、その他の社内規程、基準、内部監査マニュアル等の丸暗記を新入部員に求めている内部監査組織がありますが、それでは内部監査の本質を理解できません。

　内部監査は、その目的と本質（何のために、何を行なうのか、という根幹の概念）を理解し、自分で考えながら行なうものです。

　一度に多くの知識を新入部員に覚えさせようとすると、萎縮してやる気を失ってしまうので、必要最低限の基本事項を、例えば以下のようにわかりやすく解説するのがよいと思います。

① 先ず、以下の説明から開始する。
　(1) 内部監査とはどのような業務であるか … 事実の確認
　(2) 内部監査は何のために実施するのか … 目的の周知
　(3) どのような内部監査が期待されているか … 目標の例示
　(4) どのような内部監査が高く評価されるか … 実効の例示
　(5) 期待に応える内部監査、高く評価される内部監査を行なうには何が必要か … 基本知識の習得と基本に則った監査手続の実施
　(6) どのような心構えが必要か … 正当な注意と客観性の保持
　(7) してはならないこと … 形式的点検と思込による決め付

②　次に、内部監査規程と内部監査マニュアルを概説する。

　これらは、一連の監査書類を使用して具体的に解説しなければ、新入部員には容易に理解できるものではない。

③　更に、個別監査を実施中に、これらについて、指導と訓練（OJT）で再度解説する。

　「内部監査規程に規定されているのはこのことだ」、「実施中の作業は内部監査マニュアルに書いてあるこの部分の監査手続だ」という具合に解説する。

社内規程、基準、手続等については、個別監査実務において、実例と突き合わせて解説するのが効果的です。

2　内部監査の基本業務

詳細については第6章のVで解説しますが、内部監査の基本業務は、以下の3段階から成っています。

(1)　**予備調査の業務**
- 予備調査において、監査先の組織及び業務の概要の把握、重大なリスクの探索、内部統制の有効性の暫定評価等を行なう。
- 監査先の組織及び業務に異常な事態が潜在していないかどうかを点検し、存在しているのではないかとの疑念があるときは、実地監査で重点的に検証する監査要点として設定する。
- 監査目標、監査要点、監査範囲を設定し、監査実施手順書（監査プログラム）、監査予備調書を作成する。

(2) **本格監査の業務**
- 実地監査において、監査要点（仮説に纏めた疑念）の当否を重点的に検証し、監査証拠を入手して事実かどうかを確認する。
- 異常な事態の存在を確認したときは、その原因を究明する。
- 監査意見（異常な事態の実情の指摘及びその抜本的解消に有効な施策の提言）を形成し、監査調書を作成する。

(3) **意見表明の業務**
- 監査結果通知書を作成し、監査先責任者に送付する。
- 監査報告書を作成し、最高経営執行者に提出する。
- 監査先責任者から監査意見への対応を記載した回答書を入手し、所定の時点でフォロー・アップを実施して回答事項が実現したかどうかを確認する。

監査結果及び監査意見を監査結果通知書に記載して監査先責任者に通知し、対応を記載した回答書を監査組織責任者に提出して貰います。

第2章で解説する外部監査と監査役監査は監査報告書の提出をもって完了しますが、内部監査は、フォロー・アップの実施により、監査先が適切に対処して異常な事態が抜本的に解消した（監査意見が実現した）ことの確認をもって完了します。

経営者に対しては、監査結果及び監査意見の概要を報告します。

3 内部監査の基本的点検事項

内部監査では、監査先の組織とその業務について、以下の観点で検証（＝点検、分析、照合、比較、検討、評価、確認）を行ないます。

① 業務がコンプライアンス（第3章のⅣを参照）に適合しているか
② 業務に非効率、誤謬、怠慢、違反、不正が存在していないか
③ 資産及び利益の減少並びに問題及び損失の発生はないか
④ コントロールされずに放置されている重大なリスクはないか
⑤ 内部統制システムが意図した通り有効に機能しているか

　様々な観点を挙げましたが、どの観点に重点をおいて監査するかは、監査の目的とそのときの監査先の状況次第です。

column 2

監査マニュアルの長所と短所

　監査マニュアルは、集団が行なう業務の統一を目的に、監査の手順、要領、書式を記述した業務手順書（監査業務の手引書）である。

　監査マニュアルは、監査業務の学習と標準化に役立つが、その利用に当たっては、長所と短所を十分に理解していなければならない。自分の監査目標を立て、見失わなければ、有効に活用できるが、何のために、何を目標に、今何をしているのかを自覚していないと、単なる手引書に過ぎないマニュアルに振り回されてしまう。

　その目的と意義を明確に理解せず、監査マニュアルに記載されている事項を記載通りの手順で行なうと、マニュアルに記載されている所定の文書を作成するだけの、形式的作業となってしまう。

　自社及び子会社に対する監査の十分な知識と経験を持つ者が作成した監査マニュアルであればよいが、他社のものを転写又は参考にして作成したものは、その有効性、適切性、汎用性等を検討する必要がある。

第 2 章

監査とは

　監査とは、客観的立場にある第三者（監査人）が特定の人物、組織、事業体等が与えられた業務を決め事に従って適正に実施したかどうか、当該業務が有効であったかどうか等を検証して、その結果を報告又は証明する業務である。

監査の本質とその種類

1 監査の本質

(1) 監査と監査人

　監査とは、客観的立場にある第三者（監査人）が特定の人物、組織、事業体等が与えられた業務を決め事に従って適正かつ有効に実施したかどうかを検証して、その結果を報告又は証明する業務です。

　監査人は、監査を受ける人物、組織、事業体等のあら探しをしたり、不正行為をしているのではないかと疑って掛かったりする者ではなく、与えられた業務を適切に遂行したことを証明する者です。勿論、業務を適切に遂行しなかったことを証明することもありますが、それをもって監査人を恨むのは筋違いです。

(2) 監査の語源

　監査とは監督検査、監察検査、監視検査、監察審査の略語であるとの解説があるため、何らかの疑いを持たれて点検を受けるという悪印象を与えがちですが、これでは監査の本質を理解できません。それよりも、auditという英語の語源を理解することが重要です。

　監査と和訳されている英語のauditとフランス語のauditionの語源は、ラテン語の耳を澄まして注意深く聴くという意味の名詞auditusです。

この不定詞がaudireです。歌唱力を判定するオーディションや音楽を聴くためのオーディオも、auditusとaudireから派生したものです。
　ドイツ語のRevisionとスペイン語のrevisionの語源も、ラテン語の**目を凝らして再び注意深く視る**という意味の名詞revisusです。
　この不定詞がrevidereです。英語の修正する、修正するために再点検する、試験に備えて復習する等の意味のリバイズも、revisusとrevidereから派生したものです。

　監査人にとって最も大切なことは、**正当な注意**を払い**合理的懐疑心**を持って相手の説明をよく聴き、その証拠資料を検証して、事実であるかどうかの確認をすることです。audit、audition、Revision、revisionという用語が、監査の本質とそのあり方を暗示しています。
　正当な注意とは、職務の遂行において専門職である監査人が払うべき当然の注意であり、取締役、執行役、監査役に課されている善良な管理者の注意義務（善管注意義務）に相当するものです。
　合理的懐疑心とは、監査先の組織及び業務にムリ、ムラ、ムダ、誤謬、怠慢、違反、未対処の重大なリスク、内部統制の不備等が存在していないか、改善の余地はないのか等の純粋な疑いの心であり、猜疑心を持ち性悪説の観点から相手の人間性を疑うものではありません。

　要するに、専門職である内部監査人は、異常な事態を不注意及び懈怠(けたい)（怠慢）によって看過(かんか)しては（見落しては）ならない、記録、事象、面談相手の説明及び証拠資料等を客観的かつ批判的に検証し、真否の確認、適否及び良否の評価をしなければならないという意味です。
　もう１つ重要なことは、簡潔明瞭な文章で監査の結果をその利用者に正確に伝達することです。

(3) 会計監査の定義

米国会計学会は、会計監査について、以下のように定義しています。

監査とは、経済活動及び事象についての経営者の主張と確立された規準の合致の程度を確かめるために、経営者の主張に関係する証拠を客観的に収集及び評価し、その結果を利害関係者に伝達する体系的プロセスである。

経済活動及び事象についての経営者の主張は、事業活動の結果を具現した財務諸表を意味します。確立された規準は、一般に認められた会計原則（GAAP）を意味します。日本では、一般に公正妥当と認められる会計基準と言います。GAAPに準拠していない財務諸表は、外部監査人（公認会計士）によって虚偽表示と評価されます。

つまり、会計監査とは監査対象である財務諸表の実態が一定の規準に合致していたかどうかを確かめる業務であるということです。

2　監査の種類

監査には、様々な種類があり、その呼び方も、誰が行なうのか、誰のために行なうのか、誰が受けるのか、何を対象とするのか、いつ行なうのか等によって異なります。例えば、誰のために行なうのかによって、外部監査と内部監査に分かれます。

昔は、会社外部の者が他の会社外部の者のために実施するものを外部監査と言い、会社内部の者が会社内部の者のために実施するものを内部監査と言いましたが、会社外部の者（外部委託）による内部監査が登場したため、今は、誰のために行なうかによって区別しています。

日本には、この他に、監査役が会社の外部の者（株主及び債権者）のために行なう監査役監査があります。

外部監査の対象は、基本的に、会計監査（財務諸表監査）だけですが（厳密には、公認会計士による内部統制報告書の監査もありますが）、監査役監査と内部監査の対象は、基本的に、業務監査と会計監査に大別されます。

3　三様監査とは

株式会社に関係する外部監査、監査役監査、内部監査の3つを指して三様監査と言います。

三様監査は、一部の例外を除き、日本独特のものです。何となれば、日本に倣って同様のものを採用した中国、韓国、台湾以外の国に監査役監査の制度が存在しないからです。それらの国においては、二様監査という言い方もありません。

三様監査の概要について以下において解説しますが、中央府省、独立行政法人、国公立大学法人、地方自治体、地方独立行政法人、公社等の公的機関に対する外部監査とこれらの公的機関が自ら行なう内部監査を理解する上でも参考となると思います。

4　外部監査と監査役監査

近代的会計監査は、英国の1845年会社法で義務付けられた株主による公開会社の貸借対照表に対する監査として開始され、後に勅許会計士による監査に移行しました。勅許会計士等が開発した監査の手法が米国にもたらされ、1990年代に、今日の財務諸表監査へと発展しました。

日本においては、1890年に制定された商法で監査役による株式会社の取締役の職務の執行に対する業務監査及び計算書類に対する会計監査が義務付けられ、1950年に改正された証券取引法で公認会計士による上場会社の財務諸表に対する監査が義務付けられました。

　前者は、2005年6月29日に制定された、会社法においても継続されており、後者は、2006年6月7日に改正され、2007年9月30日に題名変更された、金融商品取引法においても継続されています。

　更に、1974年の商法の大改正で制定された株式会社の監査等に関する商法の特例に関する法律（商法特例法）で、商法上の大会社（資本金が5億円以上の株式会社）の計算書類について、会計監査人（公認会計士又は監査法人が有資格者）による監査が義務付けられました。その後、1981年の商法改正で、大会社の規模基準に「負債総額200億円」が追加されました。

　会計監査人監査は、会社法においても継続されていますが、商法とは異なり、大会社ではなく、会計監査人設置会社の場合に適用されます。

　この場合、監査役は、会計監査人が実施した会計監査の方法と結果が相当であるかどうかの形式的監査を実施します。

　以上を整理すると、以下の通りです。

① 　監査役は、会社法の規定に基づき、業務監査と会計監査を実施する。
　　これが、日本独特の監査役監査です。
② 　公認会計士（外部監査人）は、金融商品取引法に基づく財務諸表監査及び内部統制報告書監査並びに会社法に基づく会計監査を実施する。
　　外国では、商法、会社法又は証券取引法の何れかで、外部監査人による財務諸表と内部統制報告書の監査だけが義務付けられています。

5　内部監査

　近代的内部監査は、1852年に、日々の入金や州を跨いで広範囲に点在していた膨大な資産を管区長や駅長が適切に管理している保証を必要とした米国のPennsylvania鉄道会社で初めて採用されました。

　同社では、内部統制の原型となる内部照合（Internal Check）も会計部長（Controller）兼内部監査人の下で実施されました。

　日本においては、1918年に、三菱合資会社で社長の命令を受けた経理課長が分系会社に対する監査を開始しています。住友及び三井等の財閥会社においても同時期に同種の内部監査を開始しています。

　内部監査とは、株式会社等の事業体が事業体内部の者（内部監査人）又は事業体外部の者（公認会計士等）に委託して自主的に実施する任意監査ですから目的、手法、範囲は事業体毎に異なりますが、その基本は以下のような事業体の健康診断と必要な処置の助言です。

　内部監査は、病気の予防又は感染している病気の早期発見及び再発防止のために実施する、事業体内の組織並びに事業体外の組織に対する、健康診断及び加療上の助言である。

　診断医である内部監査人は、被験者に対して、診断結果を説明しかつその予防又は加療及び再発防止に有効な処置を助言する。

　つまり、内部監査は、会社等の事業体内の組織又は子会社等が病気に罹りそうな状態にないか又は既に病気に罹っていないかどうかを診断し、その結果及び病気の予防又は治療に必要な処置を助言する業務です。

図表1:三様監査の一覧表

項目	外部監査	
	公認会計士監査	会計監査人監査
監査の目的	投資者の保護	株主の保護
	不正な財務報告の防止	不正な会計処理の防止
監査の根拠	金融商品取引法第193条の2	会社法第396条
監査の基準	金融商品取引法、財務諸表規則等	会社法、会社計算規則等
監査人	公認会計士、監査法人	会計監査人（公認会計士、監査法人）
監査人の選解任	（株主総会）	株主総会
監査対象：業務執行	―	―
監査対象：会計処理	財務諸表、関連書類	計算書類、会計帳簿
監査対象：内部統制	内部統制報告書	―
監査範囲：業務執行	―	―
監査範囲：会計処理	財務諸表の適正性	計算書類の適正性
監査範囲：内部統制	内部統制報告書の適正性	―
報告先	（代表取締役、監査役会）	代表取締役、監査役会

（注）会計監査人設置会社においては、会計監査人が会計監査を行ない、監査役は

監査役監査	内部監査
株主の保護	取締役会及び経営者への貢献
取締役の職務執行のオーバーサイト（監視）、会計監査	企業価値の向上、健全かつ継続的発展等の事業目的の実現の支援等
会社法第381条（業務監査） 会社法第436条（会計監査）	会社の自由意志（内部監査規程等）
会社法、監査役監査基準	内部監査規程等
監査役	内部監査人、監査法人等（受託者）
株主総会	経営者、取締役会等
取締役の職務執行、事業報告等	業務、業務記録、事象
計算書類、会計帳簿又は大会社の会計監査人監査	計算書類、会計帳簿
取締役会決議、事業報告	内部統制
取締役の職務執行の適法性	業務の準拠性、適時性、妥当性、有効性
計算書類、会計帳簿の適法性、又は会計監査人監査の相当性	会計処理の準拠性、正確性、適時性
決議及び開示の適法性	内部統制の体制及び態勢の有効性
代表取締役、監査役会、株主総会	経営者、取締役会等

その方法及び結果の相当性を監査する。

三様監査の目的

1 外部監査の目的

(1)　外部監査とは

　外部監査とは公認会計士又は監査法人が会社外部の人のために行なう監査であり、日本には、金融商品取引法に基づく**財務諸表監査**及び**内部統制報告書監査**並びに会社法に基づく**会計監査人監査**があります。

　財務諸表監査とは、金融商品取引法の規定に基づき、公認会計士が、株主総会で承認された上場会社の財務諸表について財務諸表等の用語、様式及び作成方法に関する規則（財務諸表等規則）や企業会計の基準に準拠して適正に作成されているかどうかを検討し、意見を監査報告書に記載する監査です。

　2009年3月期から内部統制報告書が適正に作成されているかどうかの監査が追加されました。財務諸表監査と内部統制監査報告書の目的は、虚偽の表示から一般投資者を保護することにあります。

　会計監査人監査とは、会社法の規定に基づき、会計監査人（公認会計士又は監査法人）が、株主総会の開催前に、株式会社の計算書類が会社計算規則と一般に公正妥当と認められる企業会計の基準に準拠して作成され、適正に表示されているかどうかを検討し、意見を監査報告に記載する監査です。

会計監査人監査の目的は、株主と債権者の利益を保護することにあります。

(2) 金融商品取引法監査の目的

金融商品取引法監査には財務諸表監査と内部統制報告書監査の2つがあり、その目的は証券投資者の保護にあります。

その理由は、以下の通りです。

① 投資者は、有価証券報告書の記載内容を基に投資（株式や社債等の、有価証券の購入、保持、売却）の判断をする。
② 例えば、ある会社の有価証券が将来値上がりするとみれば、その購入又は保持が得策と判断し、値下がりするとみれば、その不買又は売却が得策と判断する。
③ その会社が経営不振に陥り粉飾決算をしていても、一般投資者はその事実を知り得ないので、見栄えのよい有価証券報告書に騙されて、その会社の株式を購入又は保持する。
④ しかしながら、粉飾決算をしている会社は遅かれ早かれ経営破綻するので、その株式はただの紙切れと化してしまう。
⑤ 従って、投資者を保護するためには、財務報告の適正開示を確保する必要がある。

金融商品取引法は、公認会計士等による2つの監査証明を義務付けています。

① 財務諸表の適正性の監査証明（第193条の2第1項）

2003年3月決算から、財務諸表の適正性だけでなく、継続企業の前提に重要な疑義を抱かせる事象又は状況（決算日から1年以内に経営破綻する疑い）の有無の検討も義務付けています。

② （財務諸表の監査を担当した監査人による）内部統制報告書の適正性の監査証明（同第193条の2第2項）
　　2009年3月決算から、内部統制報告書の適正性についての監査を義務付けています。

経営不振に陥った会社が粉飾決算をする理由は、以下の通りですが、一時凌ぎの粉飾決算を行なっても業績の回復に効果はなく、このような会社は、遅かれ早かれ経営破綻をきたします。

① 資金は、会社の経営を維持するために不可欠のものである。
② 会社は、その信用力（相手方が判断したその会社の支払能力）を基に資金借入及び代金後払の商取引を行なっている。
③ 信用力を失うと、資金借入及び代金後払の商取引ができなくなる。
④ それどころか、借入の返済及び代金の前払を求められることになる。
⑤ そうなると、その会社は資金繰りが行き詰まり倒産に追い込まれる。
⑥ そのために、倒産を回避しようとして粉飾決算を行ない、運転資金を確保する。

(3) 会社法監査の目的

　会社法監査には、既述の通り、監査役監査と会計監査人監査の2つがありますが、ここでは、後者即ち外部監査の目的だけを記載します。

会社が作成する計算書類の適法性を監査してその結果を提供することにより、株主及び債権者が損害を被らないよう、彼らの利益を保護する。

会社法第396条第1項は、株主及び債権者が株式会社の破綻によって損害を被ることのないよう、当該会社の計算書類の適法性及び適正性について、公認会計士等による監査証明を義務付けています。

2 監査役監査の目的

(1) 監査役監査とは

監査役監査とは、監査役が、会社法の規定に基づき、取締役の職務の執行が法令及び定款等に適合し、善管注意義務、忠実義務、監視義務に違反していないかどうかを検討し、かつ計算書類が公正妥当な会社計算規則等に準拠して適法に作成されているかどうかを検討し、意見を監査報告に記載する監査です。

監査役監査は会社法で規定されたものですが、金融商品取引法で規定された事項も、取締役の職務執行に対する業務監査の対象となります。

監査役監査は、取締役の職務の執行の全般に及ぶ監査ですから、業務監査と会計監査から成っていますが、会計監査人設置会社においては、会計監査人が会計監査を行ない、監査役は、その方法及び結果が相当であるかどうかの意見を監査報告に記載します。

商法特例法は、大会社（資本金が5億円以上又は負債総額が200億円以上の会社）の場合は、計算書類及び付属明細書について会計監査人の監査を義務付けていましたが、会社法は、この対象会社を、大会社ではなく、会計監査人設置会社と規定しました。

(2) 監査役監査の目的

　会社法監査には、既述の通り、監査役監査と会計監査人監査の２つがありますが、ここでは、前者即ち監査役監査の目的だけを記載します。

　取締役の職務の執行が法令及び定款に適合しているかどうかを監査役が監査して違法行為及び経営破綻の防止並びに会社の資産保全を図ることにより、株主が損害を被らないよう、その利益を保護する。

　会社法第396条第１項は、株主及び債権者が株式会社の破綻によって損害を被ることのないよう、当該会社の取締役の職務の適法性について、監査役による監査（≒監視、具体的には、事業の報告の請求、業務及び財産の状況の調査）を義務付けています。
　商法で規定された監査役は厳密には取締役に対する見張り役ですが、それでは取締役から忌避されるので、法令違反から取締役を守るための見守り役であるとの姿勢で職務を遂行するのが肝要です。

(3) 金融商品取引法監査と会社法監査の目的の違い

　会社法監査は、1890年制定の旧商法で規定された、監査役監査に由来します。
　当時は、財閥等のほんの一部の金持が会社を設立できる状況であり、株式の売買は行なわれていませんでしたので、旧商法が規定した監査役監査の目的は、監査役に経営者（取締役）の職務の執行を監査させて、経営者による会社の資産の横領、会社の私物化、会社の倒産等の防止を図り、株主及び債権者の利益を保護することにありました。

会社法が規定した会計監査人監査は、1974年制定の商法特例法に由来します。これは、公認会計士に大会社の計算書類が適法であるか否かを監査させて、株主及び債権者の利益を保護することにありました。

　金融商品取引法監査は、1950年の改正証券取引法で規定された、公認会計士監査に由来します。
　証券取引法は、国民経済の適切な運営と投資者の保護に資するため、有価証券の取引を公正なものとし、その流通を円滑なものとすることを目的に制定されたものですから、証券取引法が規定した財務諸表監査の目的は、公認会計士に上場会社の有価証券報告書が適正であるか否かを監査させて、一般投資者を保護することにありました。

① 会社法監査の目的は、株式会社の株主及び債権者の保護にある。
② 金融商品取引法監査の目的は、一般投資者の保護にある。

3　内部監査の目的

　内部監査とは、株式会社等の事業体の自由意志に基づき、従業員又は外部の受託者（公認会計士等）が、経営責任者及び取締役会のために、従業員の業務の遂行を対象として実施する任意監査です。
　しかしながら、監査先に忌避されては内部監査の実効を上げることができないので、監査先がその職務を適時かつ適切に果たしていることを証明する業務であるとの姿勢で接することが肝要です。

　内部監査の目的は、経営責任者及び取締役会、法令及び規則の要請によって、以下のように変化してきています。

① 当初の目的は、主に従業員の重大な誤謬及び不正の発見であった。
② 後に、社内組織に対する改善案の提供による業務能率向上の支援及び経営責任者に対する有用情報の提供による貢献に転換した。
③ 現在の目的は、経営目標の達成及び事業目的の実現の支援による経営責任者及び取締役会等に対する貢献である。

4　法定監査の目的の相違点

２つの法定監査の目的の主な相違点は、以下の通りです。

① 金融商品取引法で規定された監査（公認会計士監査）の目的は、一般投資者の保護にある。
② 会社法で規定された監査（会計監査人監査と監査役監査）の目的は、株式会社の株主及び債権者の保護にある。

5　三様監査の目的の相違点

三様監査の目的の主な相違点は、以下の通りです。

① 外部監査の目的は、監査結果の適時・的確な伝達による株式会社及び上場会社の株主、債権者、一般投資者の保護にある。
② 監査役監査の目的は、監査結果の適時・的確な伝達による株式会社の株主及び債権者の保護にある。
③ 内部監査の目的は、監査結果の適時・的確な伝達だけでなく、異常な事態の抜本的解消に有効な助言の提供による、事業体の取締役会、最高経営執行者、監査先組織の責任者等への貢献にある。

継続企業であることの重要性

1　継続企業の意味とその重要性

　法律で外部監査を義務付けた目的は、虚偽及び重要な誤謬が含まれている不正な財務報告の防止又は発見による株主、債権者、一般投資者の保護にありますが、株主、債権者、一般投資者にとって最大の被害は、企業による粉飾ではなく、企業の経営破綻です。

　その理由は、粉飾による不正な財務報告が為されても株券は無価値にならないが、不正な財務報告が為されなくても経営が破綻すれば株券が無価値になるからです。

　そのために、法律で適正な財務報告の作成を上場会社等に義務付け、監査基準で財務報告の適正性の検討及び継続企業（going concern）としての存続能力の有無を、外部監査人に検討させているのですが、その目的は企業外部の者の保護にあります。

2　継続企業となるために不可欠の要素

　自社及び子会社等に継続企業としての存続能力を確保させ、健全かつ継続的に発展させるためには、親会社の最高経営執行者及び取締役会がコーポレート・ガバナンス、インターナル・コントロール、リスク・マネジメント、コンプライアンスという4つのキー・ワードの意味を的確に理解して、適切に対処しなければなりません。

特に、全般的内部統制の体制及び態勢を整備して、有効に機能させなければなりません。財務報告に係る内部統制は、この中の一部分です。全般的内部統制の有効機能を図るためには、内部監査の体制及び態勢を整備して、有効に活用しなければなりません。

健全とは、コンプライアンスに適合しているという意味です。

コンプライアンスとは、法令の遵守だけでなく、社会規範の尊重も含むものです。

3 継続企業に貢献する内部監査

外部監査人は財務諸表監査で継続企業の前提に重要な不確実性が認められないかどうかを検討しますが、その目的はあくまでも投資者を保護するためです。

自社及び企業集団各社の継続企業としての存続能力の確保と健全かつ継続的発展に貢献し得るのは、内部監査人だけです。

全般的内部統制の体制を有効に機能させ、かつ継続企業としての存続能力を確保するためには、法令等への適合性、記録等の正確性、重要な書類の保管状況等の点検よりも、監査先の組織及び業務にムリ、ムラ、ムダ、誤謬、怠慢、違反、不正、未対処の重大なリスク、内部統制上の不備等の重大な損失をもたらす要因を内在している異常な事態がないかどうかを点検及び発見し、発見した異常な事態の原因及び実情を指摘し、それら異常な事態の抜本的解消に有効な施策を提言する、**現代の実践的内部監査**を実施して、その実効を上げる必要があります。

ここで言う現代の実践的内部監査の**実践**とは、理論に対する実践ではなく、自らの行動によって環境を変えていくことを意味しています。

第 3 章

内部監査と密接に関係する4つのキー・ワード

内部監査と密接に関係する4つのキー・ワードとは、以下のものであり、それぞれが密接不可分の関係にある。
- コーポレート・ガバナンス（企業統治）
- インターナル・コントロール（内部統制）
- リスク・マネジメント（リスク管理）
- コンプライアンス（法令の遵守＋社会規範の尊重）

コーポレート・ガバナンス

1　コーポレート・ガバナンスとは

　ガバナンスの語源はラテン語のgubernare（舵取）ですから、コーポレート・ガバナンスとは、単純には、会社の舵取を意味します。コーポレート・ガバナンスは、企業外部者の経営者に対するエクスターナル・コントロールであり、企業統治又は企業支配と和訳されています。

　これは、経営の専門家に会社の経営を委託した米国の株主が1920年代から取り組んできた、俸給経営者に対するコントロール（管理・監督）の方法及び仕組をどのようにすればよいかという課題でした。

　その理由は株主に企業の経営を委託された経営者がその企業を私物化するリスクが顕在化したからですが、その方法及び仕組は意図した通り機能せず企業の所有者ではない経営者による独裁経営と当該企業の経営破綻が続出したために、法規による強化が行なわれました。

　会社経営という職務を受託した経営者は、委託者である株主に対し、図表２に記載した通り、**受託職務**（会社を適切に経営して利益を上げ、その一部を配当として株主に支払う義務）及び**説明義務**（経営の成果を報告する義務）を負います。類似用語に**情報開示**（disclosure）がありますが、以下の通り、両者は異なる概念です。

　①　説明義務は、委託者に対して受託者が果たすべきもの
　②　情報開示は、受委託関係のない第三者に提供するもの

図表２：受託職務と説明義務

1 株主が専門的経営者に会社の経営を委託したところ、同人がこれを承諾して代理人となり、依頼人と被依頼人の間に受委託関係が発生した。

2 受委託関係に基づき、受託者は受託職務及び説明義務を負い、委託者は監視（モニタリング）権限を得た。

受託職務は、受託者が受託財貨を適切に運用する義務（業務遂行義務）である。受託職務には、その成果又は遂行状況を説明する説明義務（結果報告義務）が伴なう。経営者は、財務報告によって、説明義務を果たす。

3 経営者は、説明義務の解除に必要な財務報告を作成しかつ監査人の監査証明（保証）を添付して、株主に提出する。

株主による財務報告の承認をもって、経営者の説明義務が解除される。
会計は説明義務の発生から解除に至る財務的説明の手段として、監査は会計の適正性の保証（アシュアランス）業務として生成及び発展した。

2　コーポレート・ガバナンスの形態の変化

　1960年代の米国の株主は、取締役会に社外取締役を送り込み経営者の職務の執行をオーバーサイトさせる方式でコーポレート・ガバナンスを強化しようと試みましたが社外取締役は機能せず取締役会長兼CEOが強大な権限を持ち続けたので、20世紀半ばは経営者の時代又はCEOの時代と言われました。

　オーバーサイト（oversight）とは、モニタリングの１種であり、ある人物の行為に対する監視を意味します。

column 3　粉飾と逆粉飾

　粉飾とは、決算数値を実際よりもよく見せるために、利益を過大表示する行為であり、資産、収益、利益の過大計上及び負債、費用、損失の過小計上によって行なわれる。

　粉飾は、一般に、対外的信用の維持、株価の維持又は引上げを目的に、ときには、経営者や役職員の横領の隠蔽を目的に、行なわれる。

　逆粉飾とは、粉飾とは逆の、利益の一部を過小表示する行為であり、資産、収益、利益の過小計上及び負債、費用、損失の過大計上によって行なわれる。

　逆粉飾は、一般に、脱税、利益の翌期への繰越、取引先による利鞘の引下げ及び親会社による利益の吸上げへの対抗等を目的に行なわれる。

　財務諸表の利用者を欺くために、財務諸表に意図的な虚偽表示≒虚偽記載を行ない、計上すべき金額を計上しない、又は必要な開示を行なわないことを、**不正な財務報告**と言う。

前記の当初の命題が「企業をガバナンスするのは誰か」という議論に発展し、「企業の所有者即ち株主である」とする説と「株主だけでなく企業の利害関係者全体である」とする説が展開されました。

　1970年代に、公的年金基金が急成長し、配当や株価に満足しなければその持分を売却するウォール・ストリート・ルールを実践しましたが、1990年代に、その運用資金量が増大してこれを行使できなくなり、株主行動主義へと転換しました。労働省や米国法曹協会の介入もあり、大企業でコーポレート・ガバナンス改革が急速に進み、1990年代前半に大企業でコーポレート・ガバナンス・ガイドラインが作成されました。

　1990年代には、多数の大企業で、独立取締役が増員されて取締役会の独立性が高まり、監査委員会による経営監視機能が強化されました。

　経営者は、機関投資家の攻勢に、以下の方策で対応しました。

① 役員報酬に占める固定部分の比率を低く抑え、会社の業績と連動する賞与とストック・オプション等の変動部分の比率を高めた。
② 株主や投資家に対する広報（IR）活動に取り組んだ。

　こうして、投資家と経営者が一体となった株主優位のコーポレート・ガバナンスが確立した筈でしたが、2001年後半に、エンロン、ワールドコム等の経営破綻及び粉飾決算等が相次いで発覚したのです。

　エンロン、ワールドコム等の経営破綻や粉飾決算は、米国証券市場の信用を著しく毀損する不祥事件であったため、連邦議会は、2002年7月30日にサーベインズ・オクスリー法（2002年SO法）を制定し、歴史上最も厳格なコーポレート・ガバナンスを規定しました。

日本では、SO法第404条に規定された経営者による内部統制の有効性評価と内部統制報告書の作成、公認会計士による監査だけが注目され、SO法は内部統制の整備を義務付けた法律であると誤解されていますが、SO法第302条と第404条の規定の目的は、企業情報と財務報告の適正開示の強化による、コーポレート・ガバナンスの強化です。

　財務報告は財務情報（営業成績及び財務状態）を意味し、企業情報は財務報告以外の会社についての諸情報（71頁を参照）を意味します。

　コーポレート・ガバナンスの形態は、次のように変化してきました。

(1) **大株主による経営執行取締役のガバナンス**

　株主がstockholdersであった時代は、株主が業務執行取締役を直接に監視・監督し、業務執行取締役の解任が容易であったが、shareholdersへの移行により、困難となった。

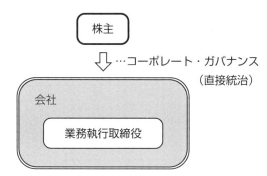

(2) **フランス及びドイツの監督役会による執行役のガバナンス**

　フランスで、1856年に執行役の業務を監視する機関として、監督役会の設置を義務付けた。ドイツでは、1861年に任意設置の機関として採用し、1870年に執行役の監督機関として監督役会の設置を義務付けた。

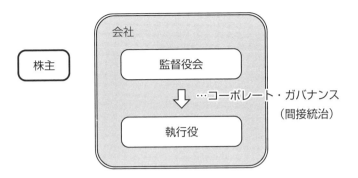

(3) 米国の非業務執行取締役による業務執行取締役のガバナンス

　1950年代に経営者による会社の私物化が横行したため、非業務執行社外取締役が業務執行取締役を監視する体制に移ったが、取締役会議長兼最高経営執行者が強大な権限を保持し、ガバナンス機能を発揮できなかった。

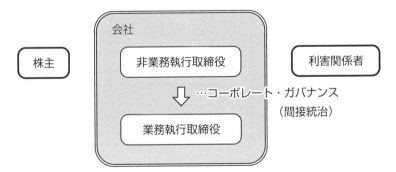

(4) 米国の取締役会による業務執行者のガバナンス

　Enron及びWorldCom等の不正事件を教訓に最高経営執行者に対するコーポレート・ガバナンスの強化が求められて、取締役会の中に過半数を独立取締役で構成する指名、報酬、監査の3委員会を設置し、業務執行者（取締役（directors）若しくは執行役（officers）又はその兼務者）を監視及び監督する体制を確立した。

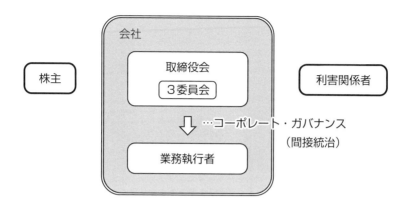

　取締役会は業務執行者の監督に専念し業務執行者が業務執行を決定するのが、モニタリング・モデルと呼ばれる米国型コーポレート・ガバナンス形態であるが、取締役会議長が最高経営執行者を兼務できるので、取締役会の独立性の確保がその実効性を確保する上での根本的課題である。

(5) 日本の監査役（会）設置会社のガバナンス

　取締役会による取締役の業務の執行の決定及び職務の執行の監督並びに監査役による取締役の職務の執行の監査という、日本の伝統的かつ独特のコーポレート・ガバナンスの形態が、これである。

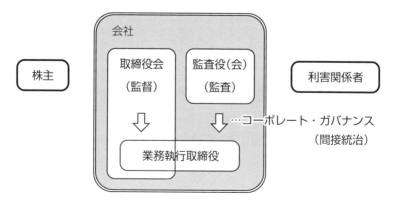

(6) **日本の指名委員会等設置会社のガバナンス**

　指名委員会等設置会社のコーポレート・ガバナンスの形態は、(4)の米国型と同様の形態に見えるが、重要な業務執行の一部を取締役会が決定するので、完全なモニタリング・モデルではない。

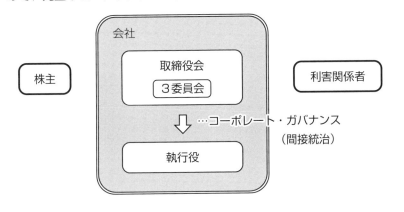

(7) **日本の監査等委員会設置会社のガバナンス**

　株主総会で監査等委員となる取締役と業務執行する取締役が区別して選任され、業務執行の決定を取締役会で行なうか（マネジメント・ボードとなるか）それとも業務執行取締役に委任するか（モニタリング・ボードとなるか）の何れかを選択できるガバナンス形態である。

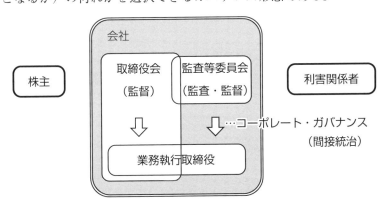

「ガバナンス」という用語は、取締役会による経営者に対するガバナンス（corporate governance）と業務執行取締役又は執行役による使用人に対するガバナンス（in-house governance、社内統治）の2種類の意味で使用されるので、何れを指すのかを明確にして置かないと会話が噛み合わなくなる。

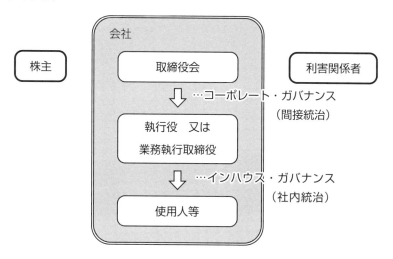

　日本の会社法は、社外取締役による業務執行者の監視及び監督、社外監査役による取締役の監視という観点で、コーポレート・ガバナンスを規定しています。

3　英国のコンバインド・コードと新たな2つのコード

　英国で、2008年の世界金融危機を契機にコーポレート・ガバナンスにおける機関投資家の役割と義務の重要性が再認識され、コンバインド・コード（統合規範と和訳する）が、2010年6月にスチュワードシップ・コードとコーポレート・ガバナンス・コードの2つに分割されました。

スチュワードシップ・コードとは、資産運用受託者は、資産運用委託者の利益を実現するとともに投資先企業の長期的成長を経済全体の発展へと繋げるため、役割を積極的に果たさなければならないとする概念に基づいて規定した、資産運用受託者が遵守すべき行動規範です。

　コーポレート・ガバナンス・コードとは、取締役会の職務は、会社の戦略目標を設定し、その実行のために指導力を発揮して活動を監督し、自らの受託職務について株主に報告することであり、法律、規則、株主総会決議に従って会社を経営しなければならないとする概念に基づいて規定した、会社経営者が遵守すべき行動規範です。

4　日本版の2つのコード

　外国の投資家に監査役の監視機能に対する疑念が強く、社外取締役の導入の遅れと相まって日本のコーポレート・ガバナンスは遅れていると批判されたため、英国に倣い金融庁の主導で「責任ある機関投資家」の諸原則≪日本版スチュワードシップ・コード≫が作成され、2014年2月27日に公表されました。

　更に、金融庁と東京証券取引所の主導で、OECDコーポレート・ガバナンス原則を手本に日本版「コーポレートガバナンス・コード～会社の持続的な成長と中長期的な企業価値の向上のために～」が作成され、2015年6月1日に公表されました。

　東証は、同日に従来の「上場会社コーポレート・ガバナンス原則」を廃止して、本コードの適用を開始しました。

　本コードは、2名以上の社外取締役の選任を求めるとともに、英国に倣って「principles-based（原則主義）」と「comply or explain（遵守せよ、さもなくば説明せよ）rule」を採用しています。

東証は、1名以上の独立役員を確保することを企業行動規範の「遵守すべき事項」として規定し、独立役員の確保に係る企業行動規範の遵守状況を確認するため「独立役員届出書」の提出を日本の上場会社に求めかつ本コードの各原則を実施しない場合は「コーポレート・ガバナンス報告書」でその理由を説明するよう求めています。
　東証の規定する「独立役員」とは一般株主と利益相反が生じる惧れのない社外取締役又は社外監査役を意味しています。

5　今日のコーポレート・ガバナンス

　今日のコーポレート・ガバナンスの本質は、以下のようなものです。

　株主と他の利害関係者が、株式会社の健全な企業活動を促進する目的で、経営者とその職務の執行に対するオーバーサイト及びコントロールの仕組を構築して有効に機能させる、会社外部からの働きかけである。

　つまり、会社の所有者である株主及び会社経営に大きな影響を及ぼし得る利害関係者が、会社の評判及び企業価値等を損ねることのないよう、最高経営執行者の業務の執行に対するオーバーサイト及びガバナンスの仕組を構築し有効に機能させて健全な企業行動を促進する、会社の外部者による外部コントロール（外部統制）です。
　そのために設置された機関が、監査委員会、監督役会、監査役です。
　コーポレート・ガバナンスの本来的概念は、会社の外部者の最高経営執行者に対するコントロールですが、最高経営執行者は、自分に対するコントロールではなく、使用人に対するコントロールがコーポレート・ガバナンスであると認識しています。

しかしながら、後者の場合のガバナンスは、インハウス・ガバナンス（社内統治）であり、本来のコーポレート・ガバナンスの概念及び目的と異なるものです。

今日のコーポレート・ガバナンスの目的は、以下のようなものです。

① 取締役及び執行役に法令、定款、株主総会決議に適合した職務を執行させることにより、経営の健全性及び効率性を確保する。
② リスク・マネジメントの有効性を高めさせることにより、損失の予防、利益の増大、資産の保全を図り、企業価値の向上（＝投資価値の向上＝株主利益の増大）及び継続企業としての存続能力を確保する。
③ 適時的確な情報開示を行なわせることにより、会社の社会的信頼性を確保する

今日の株主の関心は、短期的な高株価や高配当ではなく、安定的かつ持続的な投資価値の向上にあります。その他利害関係者の関心も、継続企業としての存続能力の確保にあります。

ですから、今日の経営責任者は、企業の継続性の確保と持続的な企業価値の増大を経営目標とし、以下のコーポレート・ガバナンスの要請に応える必要があります。

① 説明義務（アカウンタビリティ）の遂行
② 情報開示（ディスクロージャー）の充実（経営の透明性の向上）
③ 内部統制（インターナル・コントロール）の構築と運用（プロセスとしての有効機能）

株式会社の所有者は株式を所有している株主ですが、今日の経営者は株主だけでなく、投資者、役職員、借入先、取引先、消費者、公共社会等のその他利害関係者の利益も尊重し、自社及び子会社等の企業集団の社会的責任（CSR）を自覚して、経営しなければなりません。これが、今日のコーポレート・ガバナンスの本質です。

6　コーポレート・ガバナンスと内部統制の関係

コーポレート・ガバナンスとは、企業の経営者に対する、株主や利害関係者等の企業外部の者による、外部コントロール（エクスターナル・コントロール）です。この反対語が、内部コントロール（インターナル・コントロール＝内部者によるコントロール）、つまり内部統制です。

経営者がコーポレート・ガバナンスの要請に応える経営に努めても、社内の役職員が経営者の意向を無視して自分勝手に行動する状態では、重大な誤り、過ち、会社に多額の損失をもたらすリスクの現実化の予防及び発見が困難となります。

経営者がコーポレート・ガバナンスの要請に適合する経営を行なって会社の健全かつ継続的発展を実現するためには、社内の役職員を適切に統治（≒管理及び監督）する仕組の整備が必要不可欠です。

このインハウス・ガバナンス（社内統治）のための仕組が、インターナル・コントロール（内部統制）です。

取締役と執行役は、善管注意義務、忠実義務、監視義務を負わされています。監査役は、善管注意義務と監視義務を負わされています。

監査役は、取締役と異なり、忠実義務を負わされていませんが、忠実義務違反に類する行為は、背任又は特別背任として、処罰されます。

背任及び特別背任は、取締役及び監査役に対しても適用されます。

会社に多額の損失を発生させると株主代表訴訟が提起され、善管注意義務違反として損害賠償を請求されます。

因って、最高経営執行者（代表取締役又は代表執行役等）は、社内に有効な内部統制の体制を整備し、かつ運用しなければならないのです。

最高経営執行者は、外部者と内部者の架け橋であり、コーポレート・ガバナンスとインターナル・コントロールの架け橋でもあります。

監査役は取締役の職務の執行をオーバーサイト（＝監視≒監査）し、監査委員会は取締役及び執行役の職務の執行をオーバーサイトします。

コーポレート・ガバナンスとインターナル・コントロールの2者間の関係を図で示すと、図表3のようになります。

図表3：コーポレート・ガバナンスとインターナル・コントロールの関係

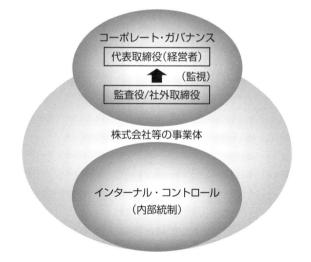

インターナル・コントロール

1　インターナル・コントロールとは

　内部統制及び内部管理は、インターナル・コントロールの和訳です。
　internal control systemという英語を経済安定本部（旧経済企画庁の前身）が1950年に内部統制組織（後に内部統制体制）と和訳し、旧金融監督庁（現金融庁）が1998年に内部管理体制と和訳したために、両者は別個のものと誤解されがちですが、訳語が異なるだけです。以下においては、基本的に、内部統制という用語を使用します。

　内部統制とは、株式会社等の事業体が自主的に構築して運用する経営管理の手段又は方法であり、3つの自浄機能から成っています。

　内部統制とは、事業体内に整備する、予防機能、発見機能、是正機能から成る、体制（システム）及び態勢（プロセス）である。

　つまり、誤り、過ち、巨額の損失等の異常な事態が発生しないように予防する体制（システム）及び態勢（プロセス）であり、異常な事態が発生しても直ぐに発見し、是正（浄化）する体制及び態勢です。
　誤りとは不注意又は怠慢による誤謬（ミス）を意味し、意図的でない規程及び基準からの逸脱（規定違反）も含まれます。
　過ちとは意図的な規程及び基準への違反並びに不正を意味します。

体制（システム）とは、全体が調和して機能する、組織、制度（規程及び基準の制定、職務の分担及び権限の付与による業務の牽制）、手続、方法、様式等の決め事（仕組）を意味します。

　態勢（プロセス）とは、役職員が組織、制度、手続、方法、様式等の決め事に従う身構え及び一連の行為を意味します。

　内部統制の体制が設計した通り構築されていても、その実行と実効が伴なわなければ、有効に機能せず、形骸化してしまいます。

　運用とは、決め事を有効に機能させて用いることを意味します。

2　米国の内部統制の歴史

　内部統制と言えばCOSO報告書『**内部統制の統合的枠組**』で示された3つの目的（正確には、目標）と5つの構成要素を連想するでしょうが、同報告書を読むだけではその意図したところを理解できないでしょう。同報告書が伝えようとした内部統制のプロセスの意味及びその重要性を理解するためには、同報告書に至る内部統制の概念の変遷を知る必要があります。

　内部統制は、米国の公認会計士が監査リスクを抑えるために1920年代から企業の経営者に構築を勧めてきたコントロール・システムであり、当初はインターナル・チェック（内部照合）と呼ばれていました。

　当初の会計監査は会計記録、会計帳簿、証憑を全部点検する**精細監査**でしたが、取引規模の拡大によって精細監査を行なうのが困難となり、**試査**に移行しました。

　監査を受ける会社で内部統制が整備されていなければ、誤りや過ちが多発します。誤りや過ちが多発する会社で試査による監査を行なうと、監査リスクを抱えてしまいます。

監査リスクとは、監査対象の財務諸表が会計原則に従って作成されていないのに、それを看過して「適正に作成されている」との誤った監査意見を表明するリスクです。
　誤りや過ちが多発している会社の財務諸表を監査する監査人は、監査リスクを低く抑えるために、試査の件数を増やさなければなりません。
　それでは監査費用がかさむので、監査人である公認会計士は経営者に内部照合（⇒内部牽制）システムを構築するように勧めたのです。

　内部牽制システムは、重大な誤謬の発見、不正の発見、会社の資産の保全等を目的に採用され、内部会計統制システム⇒内部統制システム⇒内部統制ストラクチャーと呼称を変えて仕組の改善が図られました。
　1988年4月に公表された監査基準書第55号『財務諸表監査における内部統制構造の考察』において、内部統制構造という呼称でシステムとして略完成したものが示されましたが、その担い手である役職員が実行しなかったために、意図した通りに機能しませんでした。
　COSO報告書『内部統制の統合的枠組』の概念が広く受け入れられた理由は、システムを構築するだけでは内部統制が機能しないこと、機能させるためにはプロセスが重要であることを明示したからです。

　COSO報告書の内部統制の概念を理解する上で重要な用語がprocessですが、この意味は英英辞典を引かなければ理解できません。
　英英辞典で最初に出てくる解説とその和訳は、以下の通りです。
　　a series of things that are done in order to achieve a particular result ⇒特定の結果を得るために行なわれる一連の行為　又は
　　a series of action that are done in order to achieve a particular result ⇒特定の結果を得るために行なわれる一連の動作

COSO報告書の意義は、システムが構築されても実践しなければ機能しないことに着目し、内部統制とは、事業体の取締役会、経営者、その他の職員によって遂行されるプロセスであると定義した点にあります。

　システムとは、役職員をコントロールするための仕組（組織の設置、社内の規程及び基準の制定、重要資産及び情報システムへのアクセスの制限、職務の分担、最良権限の付与、業務の記録及び保存、二重点検、複数の関連情報の照合、記録と現物の照合及び調整、業績評価及び差異分析等）を意味しています。

　内部統制の整備目的とその概念は、以下の変遷を経ました。

① AIA（米国会計士協会）が1929年に公表した『財務諸表の検証』
　　目的：（従業員の誤謬及び不正からの会社の）資産の保全
　　概念：内部牽制システム（internal check system）＝会計システム

② AIAが1949年に公表した特別報告書『内部統制』
　　目的：資産の保全、会計数値の正確性と信頼性の点検、業務効率の増進、経営方針の遵守の促進
　　概念：会計的統制システム及び経営的統制システム（accounting system and administrative system）

③ AICPA（米国公認会計士協会）が1958年10月に公表したSAP No.29（監査手続書第29号）『独立監査人の内部統制レビューの範囲』
　　目的：資産の保全、会計数値の正確性と信頼性の点検、業務効率の増進、経営方針の遵守の促進
　　概念：会計的統制システム及び経営的統制システム

④　AICPAが1988年4月に公表したSAS. No.55（監査基準書第55号）
　　『財務諸表の監査における内部統制構造の考察』
　　目的：継続企業の実現、企業目標の達成
　　概念：内部統制ストラクチャー（internal control structure）

⑤　COSOが1992年9月に公表した報告書『内部統制の統合的枠組』
　　目的：継続企業の実現、企業目標（業務の有効性・効率性、財務報告の
　　　　信頼性、適用される法律・規則の遵守）の達成
　　概念：内部統制システム及びプロセス（internal control system and
　　　　process）

　1980年代に、会社の倒産で損害を被った投資家が虚偽表示を見逃した公認会計士に責任があるとして会計事務所（≒監査法人）に膨大な損害賠償を請求する事態が続発しました。
　会計事務所は「試査による監査では虚偽表示を発見できない、責任は不正な財務報告を作成した企業の経営者にある」と反論しました。
　このように、両者の間には、**期待ギャップ**と呼ばれる、大きな認識の相違があったのです。COSO報告書は、両者間の期待ギャップの解消と監査業界の危機的状況の打開を目的に作成されたものです。
　COSOとは、**トレッドウェイ委員会のスポンサーとなった5つの団体** The Committee of Sponsoring Organizations of the Treadway Commission（トレッドウェイ委員会支援組織委員会）の略称です。

　「内部統制には3つの目的がある」という解説は、誤りです。COSO報告書の冒頭に記載されているものは、「3つの目的」ではなく、「内部統制はプロセスである」という、内部統制の定義です。

3 COSO報告書

(1) 1992年版

　COSOは、1992年9月に公表した『内部統制の統合的枠組』で、内部統制について、以下のように定義しました。

　　内部統制とは、事業体の取締役会、経営者、その他の職員によって遂行され、以下の範疇における目標の達成に関して合理的保証を提供するようにデザインされたプロセスである。
- 業務の有効性及び効率性
- 財務報告の信頼性
- 適用される法律及び規則の遵守

COSO報告書は、上記に続けて、プロセスの重要性を述べています。

- 内部統制は、**プロセス**である。
- 内部統制は、**目的を実現する手段**であり、それ自体が目的ではない。
- 内部統制は、**人間**によって遂行される。
- 内部統制は、方針を定めたマニュアル及び書式ではなく、組織のあらゆる階層における**人間の行動**である。
- 内部統制が事業体の経営者及び取締役会に提供するように期待されているものは、**合理的保証**だけであり、絶対的保証ではない。
- 内部統制は、単一の事象又は状況ではなく、事業体の活動に浸透している、一連の**連続する行動**である。

COSO報告書は、その上で、5つの構成要素について述べています。

　内部統制は相互に関連する5つの要素で構成されている。これらは経営者の経営手法から導き出されたものであり、経営プロセスと統合されている。
- コントロール環境
- リスクの評価
- コントロール活動
- インフォメーション及びコミュニケーション
- モニタリング

　COSOが強調したのは、人間が行動しなければ内部統制は機能しないということです。この点こそがCOSO報告書の理解における要点であり、最も重要なことは3つの目標や5つの構成要素よりも、人間が行動するプロセスであると明示した真意を理解することです。

　内部統制の解説書で内部統制の3つの目的と表示した図が掲載され、業務の有効性と効率性、財務報告の信頼性、法律と規則の遵守の3つが内部統制の目的と解説しているため、内部統制システムの整備が目的であると誤解されがちですが、原文にそのような記載などありません。
　COSO報告書は、objective＝目標とend＝目的という2つの用語を使い分け、冒頭の定義では、3つの目的ではなく3つの目標と記載しています（objectiveとendの関係については5頁を参照）。
　COSO報告書は、内部統制システムの整備自体が目的であると述べているのでなく、ある目的を実現するために達成しなければならない必要条件として、3つの目標を例示しているだけです。

要するに、COSO報告書は、「事業体の究極の目的を実現するために最低限達成しなければならない、事業体の当面の３つの目標を例示しているのです。事業体の究極の目的とは、継続企業としての存続です。

　COSO報告書は、『内部統制の統合的枠組』という題名を掲げたにも拘わらず、多くの頁を割いて、リスク・マネジメントについて解説しています。その理由は、例示した３つの目標を達成しなければ会社の健全かつ継続的発展を実現することができないからです。
　COSO報告書の意図は、人間が決め事を遵守して行動するプロセスとしての内部統制の有効性の確保により、株式会社等の事業体の健全かつ継続的発展を実現することにあるのです。

　合理的保証とは、内部統制システムをプロセスとして機能させれば、不正を働く目的等で無効にされる場合を除き、目標の達成による目的の実現が可能であるとの、**理論上の保証**（安心感の提供）を意味します。
　内部監査も、事業体の業務を客観的に検証及び評価して、経営者及び取締役会に合理的保証を提供する、アシュアランス（保証）活動です。

　COSO報告書は、それまで使用されてきた内部統制システム及び内部統制ストラクチャー（内部統制構造）という表現を「内部統制」という表現に変更しました。
　プロセスが重要であるとしても、システムがなければプロセスもあり得ないので、「内部統制のシステム及びプロセス」と表現すれば従来の内部統制の概念との違いと内部統制におけるプロセスの重要性が明確になりますが、それでは煩雑となるため、単純に「内部統制」と表現したのではないでしょうか。

COSOが2004年9月に公表した『エンタープライズ・リスク・マネジメント（ERM）の統合的枠組』については、『内部統制の統合的枠組』の改訂版であるとか内部統制はERMに包含されているとする説明が流布していますが、原文を読んでいないことに起因する誤解です。

　何となれば、「ERMは事業目標の達成を阻害するリスクに適切に対処するための指針であり『内部統制の統合的枠組』の改訂を意図したものでもそれに取って替わるものでもない」と、はしがきに明記されているからです。『内部統制の統合的枠組』を採用し5つの構成要素を8つに細分化して「ERMとは事業体全体で遂行するプロセスである」と定義し、プロセスの重要性を示したものであるからです。

(2) 2013年改訂版

　COSOは、20年ぶりに報告書の改訂を行ない、2013年5月14日に最終版を公表しましたが、内部統制の定義の核心、3つの範疇の目標、5つの構成要素の部分に大きな変更はありません。

　2013年改訂版における主要な変更点は、以下の通りです。

- ＊事業と事業環境の変化を考慮
  - ビジネス・モデル及び組織構造、企業不正、法規制、情報技術等
- ＊業務目標と報告目標を拡張
  - 「財務報告」を「報告」に改め、「内部報告」と「外部報告」、更に「財務報告」と「非財務報告」に区分
- ＊5つの構成要素の基本概念を17の原則及び87の注目点で明示
- ＊業務目標、コンプライアンス目標、非財務報告目標に関連する適用方法及び事例を追加

＊取締役会の役割とガバナンスとの関係を明確化

＊不正に関する考察の重要性を明示

＊内部監査機能の重要性を詳述

4　1977年海外不正行為防止法

　内部統制は19世紀末から検討されてきた命題であり、当初は経営者が従業員の誤りや過ちの予防と発見のために、自由意志で構築する仕組でしたが、1970年代に多数の企業による外国の政治家、公務員、政党職員等に対する贈賄、経営者による不正と企業破綻が多発したため、1977年海外不正行為防止法（FCP法）によって、これらの不正行為を禁止する規定だけでなく、不正行為の防止に有効な内部統制会計システムの確立及び維持を義務付ける規定が設けられました。これが、内部統制の確立及び維持を義務付けた世界初の法律です。

　2002年サーベインズ・オクスリー法（SO法）は、CEO及びCFO等に財務報告に係る内部統制の有効性の評価と内部統制報告書の提出を義務付け、公認会計士にその監査証明の提出を義務付けただけであり、内部統制の体制の確立及び維持を義務付けた法律ではありません。

　2009年に「100年に１度の」という表現が使用されましたが、これは、サブ・プライム・ローンの焦付きによる経済危機の下の公聴会におけるAlan Greenspanの「１世紀に１度の金融危機（A once in a century Financial Tsunami）」という発言から広まった言い訳の枕詞です。

　現実には、20年前の1980年代に700行の中小金融機関が破綻したため約70兆円の公的資金の注入によって預金者を救済した金融危機があり、80年前には世界大恐慌があったのですから、「１世紀に１度の」という表現が根拠のない言い訳に過ぎないことが明白です。

5　1991年連邦預金保険公社改善法

　1980年代末の金融機関の救済措置を契機に、金融機関の財務報告システムの強化を目的とする、1991年連邦預金保険公社改善法（FDICI法）が制定されました。これが、内部統制報告を規定した世界初の法律です。
　1991年FDICI法は、次のように規定しました。

　　＊金融機関の経営者は、1977年FCP法で規定された内部会計システムの内部統制構造及び財務報告手続の有効性を評価し、報告をしなければならない。
　　＊金融機関を監査する外部監査人は、経営者の言明について証明をしなければならない。

　2002年SO法は、従来1991年FDICI法によって金融機関に限って適用されていた「内部統制報告制度」を第404条の規定で、証券取引委員会（SEC）に登録している会社（≒公開会社）の総てに拡大しただけです。

6　2002年サーベインズ・オクスリー法

　SO法は、2001年の後半から2002年の半ばにかけて相次いで発覚した大企業による不正事件で毀損した米国証券市場の信用を回復するため、連邦議会がエンロン事件の発覚から9か月という短期間で制定した粗製乱造の連邦法です。
　日本では、US-SOXと呼ばれ、経営者による内部統制報告書の提出及び公認会計士による監査を義務付けた法律と誤解されています。

しかしながら、SO法は、「企業改革法」、「企業会計改革法」、「投資家保護法」という略称で呼ばれる通り、証券投資家の保護を目的に、会計及び監査の業界、企業及び経営責任者、証券アナリスト及び証券業界に対する規制の強化並びにSEC及びGAOの権限の強化によって、1934年証券取引所法を強化した法律に過ぎません。

SO法の第302条と第404条は、SECの最終規則の制定と公開会社会計監視委員会（PCAOB）の監査基準の制定をもって発効しました。

その概要は、以下の通りです。

SO法第302条
* CEO及びCFO等の知る限り、年次報告書又は四半期報告書に含まれている財務諸表及びその他の財務情報が、総ての重要な項目において報告期間の発行者の財務状態及び営業成績を適正に表示していることを証明する。
* 内部統制の有効性の評価についての結論を当該報告書に掲載したことを証明する。

SO法第404条
(a)項
* SECは、年次報告書に内部統制報告書を含める規則を制定する。
  ● 財務報告のための内部統制構造及び手続を確立し維持する経営者の責任を言及すること
  ● 財務報告のための内部統制構造及び手続の有効性についての直近の会計年度末時点の発行者の評価を含むこと

(b)項
　*(a)項に基づく**内部統制評価**については、発行者のために監査報告書を作成又は発行する公認会計士事務所が、経営者による評価を証明及び報告する。本項に基づく証明は、PCAOBにより発行又は採用された証明契約基準に準拠して行なわれる。

　SO法第302条に内部統制という用語が記載され、第404条に内部統制構造と内部統制という用語が記載されていたため、混乱が生じました。
　そのため、SECは、2002年8月29日付最終規則によって、以下の通り用語を変更し、それらの意味を解説しました。

　＊SO法第302条の内部統制（internal controls）を開示統制及び手続（disclosure controls and procedures）に変更した。

　これは、年次報告書及び中間報告書で開示すべき財務情報以外の企業情報が指定された様式で指定された期間内に適切に決定されることを保証するように設計された統制及び手続を意味します。
　第302条の要求事項は、財務報告のレビュー、開示すべき情報の適正表示、開示統制及び手続の設計、有効性の評価、結果の開示を実施したことを記載した証明書の提出です。

　＊SO法第404条の内部統制構造（internal control structure and procedures for financial reporting）を財務報告に係る内部統制（internal control over financial reporting：ICFR）に変更した。

　第404条の要求事項は、財務報告に係る内部統制を評価した経営者報告書の提出及び公認会計士による証明です。

こうして、1991年FDICI法に記載されていた**内部会計システムの内部統制構造**という用語が**財務報告に係る内部統制**に変更されました。

このため、財務報告に係る内部統制を含む内部統制の全体を表現する際に**全般的内部統制**という用語を使用しなければならなくなりました。

因みに、SO法第404条に記載されていた**内部統制構造**という用語は、1988年4月に公表された監査基準書第55号で初めて使用され、SO法が制定される10年前の1992年9月にCOSOが**内部統制**に変更したものです。

この結果、SO法第404条は、以下のスキームで発効する筈でした。

* 提出会社の殆どが、財務報告に係る内部統制の有効性評価に経営者が使用する内部統制の枠組としてCOSOの『内部統制の統合的枠組』を採用した。

* 経営者が行なう財務報告に係る内部統制の有効性の評価の方法については、SECが定める最終規則に従う。

* 公認会計事務所が行なう内部統制報告書の監査の方法については、PCAOBが定める監査基準に従う。

しかしながら、SECは、経営者が行なう有効性評価の方法について、経営者が自社に相応のものを自ら決めるべきであるとして、最終規則を規定しませんでした。

そのために、期待ギャップの再発を懸念したPCAOBが、監査基準において、適正意見を付すための要件として経営者の評価の方法を詳細に規定しました。

更に、経営者の評価の適正性を監査人が評価するという間接的な評価では監査リスクを抑制できないため、内部統制報告書の監査（インダイレクト・レポーティング）に加えて、会計事務所が財務報告に係る内部統制の有効性を直接に監査して報告するダイレクト・レポーティングも義務付けたため、いわゆる三点セット（業務記述書、フロー・チャート、リスク・コントロール・マトリクス）の文書化作業及び大掛かりな監査という膨大な時間及び多額の費用の負担を強いられた公開会社の不満が続出したのです。

7　日本の内部統制に関係する法律等

多くの書籍に記載されている「会社法によって、大会社に限り、内部統制の整備が義務付けられた」という解説は誤りです。

2000年9月の（2005年7月に会社法が制定される5年前の）大和銀行株主代表訴訟における大阪地裁判決で、このことが明示されているからです。更には、2002年4月の神戸製鋼所株主代表訴訟における神戸地裁所見でも、大阪地裁と同様の解釈が明示されているからです。

会社法の制定直後（＝施行前）から、誤った解説の書籍が刊行され、セミナーも開設されていたため、法務省の相沢哲参事官が「内部統制の体制の構築自体は、会社法が新たに要求することとしたものではなく、業務執行者の善管注意義務等の一内容として、現行法（商法）の下でも求められているものである」と解説しています。

善管注意義務は民法第644条の規定を意味し、等は会社法第355条で規定された取締役の忠実義務を意味します。

民法が規定した善管注意義務とは、以下のものです。

会社法　第330条（株式会社と役員等との関係）第１項
　株式会社と役員及び会計監査人との関係は、委任に関する規定に従う。

民法　第643条（委任）第１項
　委任は、当事者の一方が法律行為をすることを相手方に委託し、相手方がこれを承諾することによって、その効力を生ずる。

民法　第644条（受任者の注意義務）第１項
　受任者は、委任の本旨に従い、善良な管理者の注意をもって、委任事務を処理する義務を負う。

民法　第645条（受任者による報告）第１項
　受任者は、委任者の請求があるときは、いつでも委任事務の処理の状況を報告し、委任が終了した後は、遅滞なくその経過及び結果を報告しなければならない。

　民法条文は、35頁の図表２：受託職務と説明義務と同様のものです。

　取締役の内部統制体制構築の義務は、2000年９月の大和銀行株主代表訴訟に関する大阪地裁判決文において初めて明示されました。
　大阪地裁判決は、取締役及び監査役の任務懈怠の責任を問いました。

　＊取締役は、取締役会構成員として、リスク管理体制を構築する義務を負っている。

＊取締役及び監査役は、代表取締役及び業務担当の取締役が**リスク管理体制構築**の義務を履行しているかどうかを監視する義務を負っている。

神戸地裁も、神戸製鋼所株主代表訴訟における2002年4月の「訴訟の早期終結に向けての裁判所の所見」で、取締役の善管注意義務及び監視義務への違反の可能性を述べて、早期和解を勧告しました。

＊神戸製鋼所のような大企業の場合、取締役は、違法行為はもとより、大会社における厳格な企業会計規制をないがしろにする行為が行なわれないよう**内部統制システム**を構築すべき法律上の義務がある。

＊**内部統制システム**の構築を行なわず放置してきた代表取締役が社内において為された違法行為について知らなかったと弁明するだけでその責任を免れることができるとするのは相当でない。

＊証拠調べの結果によっては利益供与や裏金捻出に直接関与しなかった取締役であったとしても、違法行為を防止する実効性のある内部統制システムの構築とそれを通じての社内監視を十分尽くしていなかったとして、監視義務違反が認められる可能性もあり得る。

1896年(明治29年)に制定された民法に内部統制の体制の整備についての明文規定はありませんが、善管注意義務の内容は公序良俗と同様に時代とともに変わるものですから、大阪地裁は、会社を適切経営に内部統制の体制整備が不可欠であると判断したのでしょう。

大阪地裁の判決文にあった**リスク管理体制**という用語は、いわゆる**内部統制の体制**を意味していると解釈されました。

神戸地裁の所見では**内部管理システム**という用語が使用されました。

「大会社に内部統制の整備が義務付けられた」との誤った解説が為された原因として、次の2つが考えられます。

* 会社法第362条第4項第6号に掲げる事項（内部統制の体制）の整備の決定（同第5項）を内部統制の体制整備の義務付けと誤解した。
* 神戸地裁の和解勧告に大企業の場合と記載されているので、大企業に限って内部統制の整備が義務付けられたと誤解した。

8　会社法と内部統制

会社法と会社法施行規則には○○の体制と記載されているだけであり内部統制という用語は使用されていないので○○の体制をいわゆる内部統制と言いますが、以下においては、内部統制と表現します。

会社法及び会社法施行規則は、株式会社の形態により、以下の3つに区分されています。

(1) **取締役会非設置会社**

会社法　第348条、会社法施行規則　第98条及び第118条

(2) **取締役会設置会社かつ監査役設置会社**

会社法　第362条、会社法施行規則　第100条及び第118条

(3) **取締役会設置会社かつ監査等委員会設置会社**

会社法第399条の13、会社法施行規則　第110条の4及び第118条

(4) **取締役会設置会社かつ指名委員会等設置会社**

会社法　第416条、会社法施行規則　第112条及び第118条

取締役会設置会社かつ監査役設置会社に対して適用される会社法及び同法施行規則（法務省令）の主要部分は、以下の通りです。

会社法　第362条（取締役会の権限等）
第 4 項　取締役会は、次に掲げる事項その他の重要な業務執行の決定を取締役に委任することができない。
第 6 号　取締役の職務の執行が法令及び定款に適合することを確保するための体制その他株式会社の業務並びに当該株式会社及びその子会社から成る企業集団の業務の適正を確保するために必要なものとして法務省令で定める体制の整備
第 5 項　大会社である取締役会設置会社においては、取締役会は、前項第 6 号に掲げる事項を決定しなければならない。
「法務省令で定める」とは、「会社法施行規則で定める」を意味します。

会社法施行規則　第100条第 1 項
第 1 号　当該株式会社の取締役の職務の執行に係る情報の保存及び管理に関する体制
第 2 号　当該株式会社の損失の危険の管理に関する規程その他の体制
「損失の危険の管理」とは、「リスク・マネジメント」を意味します。
第 3 号　当該株式会社の取締役の職務の執行が効率的に行われることを確保するための体制
第 4 号　当該株式会社の使用人の職務の執行が法令及び定款に適合することを確保するための体制
第 5 号　次に掲げる体制その他の当該株式会社並びにその親会社及び子会社から成る企業集団における業務の適正を確保するための体制

会社法施行規則　第118条

第１項　事業報告は、次に掲げる事項をその内容としなければならない。

第２号　法第348条第３項第４号、第362条第４項第６号、第399条の13第１項第１号ロ及びハ並びに第416条第１項第１号ロ及びホに規定する体制の整備についての決定又は決議があるときは、その決定又は決議の内容及び当該体制の運用状況の概要

　改正会社法施行規則は、第118条に「当該体制の運用状況の概要」を追記しました。これは取締役が「体制」を構築するだけでなく「態勢」（プロセス）として有効に機能させる義務及び監視により有効に機能していることを確かめる義務を負っていることを明示したものです。

　会社法第362条第４項の条文は、①取締役会は、第１号から第２号に掲げる事項及び②その他の重要な業務執行に関する決定を取締役に委任してはならない（＝取締役会が決定する）と規定しています。

　会社法施行規則第100条は、会社法第362条第４項第６号の後段のその他株式会社の業務の適正を確保するために必要なものとして法務省令で定める体制の詳細規定です。第３項で、監査役の監査に関する体制等についても規定しています。

　会社法第362条第５項は、大会社である取締役会設置会社においては、①取締役の職務の執行が法令及び定款に適合することを確保するための体制及び②その他株式会社の業務の適正を確保するために必要なものとして法務省令で定める体制の整備については取締役会で決定しなければならないと規定しているだけです。

　この決定については、会社法施行規則第118条第１項第２号の規定により、事業報告における開示が義務付けられています。

以上の事項を整理すると、以下の通りです。

① 会社法第362条第4項は、株式会社の内部統制の体制整備に関する業務執行の決定を、取締役会（取締役全員）の連帯責任と規定した。
　これは、取締役会の連帯責任を規定したもの。

② 会社法施行規則第100条第1項は、会社法第362条第4項第6号の後段即ち株式会社の業務の適正を確保するために必要な体制を詳細に規定した。
　これは、取締役会の連帯責任とする事項を詳細に規定したもの。

③ 会社法第362条第5項は、大会社の取締役会設置会社においては、内部統制の体制整備に関する業務執行を取締役会で決議するよう規定した。
　これは、取締役会の決議とすることを規定したもの。

④ 会社法施行規則第118条第1項第2号は、会社法第362条第5項で規定した取締役会決議の内容を事業報告に記載するよう規定した。
　これは、取締役会の決議の内容を開示することを規定したもの。

　要するに、上掲の何れの条文も、内部統制の体制の整備を義務付けたものではないということです。
　内部統制は、Ⅱの1で既述の通り、経営管理の手段又は用具であり、その仕組、方法、様式等を法律で詳細に規定するものではありません。法律又は規則等でそのような事項を規定すると、会社の経営がおかしくなったときに損害賠償を請求される原因となります。

9　金融商品取引法と内部統制

SO法の302条と第404条だけが注目され、しかも日本版SOX法又はJ-SOX等と略称する人々が多数いるために、金融商品取引法とSO法が同種の法律であると誤解されていますが、両者は、その目的、適用対象、内容等を大きく異にする法律です。

米国で1934年証券取引所法に証券以外の金融商品の取引に関する規定並びに確認書制度及び内部統制報告制度に関する規定が盛り込まれその題名が1934年証券取引所法から2002年サーベインズ・オクスリー法へと変更されたのであれば、金融商品取引法を日本版SOX法又はJ-SOXと略称してもおかしくはないでしょうが、2002年SO法は、証券投資家の保護を目的に制定された、1934年証券取引所法を補完する法律です。

1934年証券取引所法は、その後、SO法に基づき、改正されました。

金融商品取引法は、適用法規と所管官庁の一元化により、元本割れのリスクを伴なう金融商品投資者を保護し、かつ販売業者に対する規制を横断的に強化するために、証券取引法を基本に、金融商品の全般に関連する多くの法律を統合及び整理し、2007年9月30日をもってその題名を証券取引法から金融商品取引法に変更した法律です。

金融商品取引法は、英国の200年金融サービス及び市場法（FSM法）を参考としており、米国に同種の法律はありません。

2002年SO法と金融商品取引法の共通点は、確認書制度と内部統制報告制度を包含していることだけです。

日本版SOX法又はJ-SOX等の略称は、この共通点（特に、内部報告制度）を指しているだけです。

金融商品取引法で規定された確認書と内部統制報告に関する条文は、以下のものです。

第24条の４の２（確認書の提出）

　第24条第１項の規定による有価証券報告書を提出しなければならない会社のうち、第24条第１項第１号に掲げる有価証券の発行者である会社その他の政令で定めるものは、内閣府令で定めるところにより、当該有価証券報告書の記載内容が金融商品取引法令に基づき適正であることを確認した旨を記載した**確認書**を当該有価証券報告書と併せて内閣総理大臣に提出しなければならない。

　第24条第１項の規定による有価証券報告書を提出しなければならない会社とは、上場企業及び店頭公開企業を意味する。

第24条の４の４第１項（適正性確保のための体制の評価）

　第24条第１項の規定による有価証券報告書を提出しなければならない会社のうち、第24条第１項第１号に掲げる有価証券の発行者である会社その他の政令で定めるものは、事業年度ごとに、当該会社の属する企業集団及び当該会社に係る財務計算に関する書類その他の情報の適正性を確保するために必要なものとして内閣府令で定める体制について、内閣府令で定めるところにより評価した報告書（**内部統制報告書**）を有価証券報告書と併せて内閣総理大臣に提出しなければならない。

　上場会社等は、事業年度ごとに、当該会社の属する企業集団及び当該会社に係る財務計算に関する書類その他の情報の適正性を確保するために必要なものとして内閣府令で定める体制について、内閣府令で定めるところにより評価した内部統制報告書を有価証券報告書と併せて提出しなければならない。

第193条の2第2項（監査証明）

　金融商品取引所に上場されている有価証券の発行会社その他の者で政令で定めるものが、第24条の4の4の規定に基づき提出する内部統制報告書には、その者と特別の利害関係のない公認会計士又は監査法人の監査証明を受けなければならない。

　上場会社等が第24条の4の4の規定に基づき提出する内部統制報告書には、その者と特別の利害関係のない公認会計士又は監査法人の**監査証明**を受けなければならない。

確認書制度は、上場企業及び店頭公開企業に対し、有価証券報告書の記載内容が金融商品取引法令に基づき適正であることを確認した旨の、確認書の提出を義務付けたものであり、SO法第302条(a)項と類似していますが異なるものです。

内部統制報告制度は、上場企業及び店頭公開企業に対し、財務報告に係る内部統制の有効性についての経営者の評価及び評価結果を記載した内部統制報告書の提出並びに財務諸表監査を実施した公認会計士による内部統制報告書の監査証明を義務付けたものであり、この前段がSO法第404条(a)項と、後段が(b)項と類似していますが異なるものです。

財務計算に関する書類は、会社の財務諸表（貸借対照表、損益計算書、株主資本等変動計算書、キャッシュ・フロー計算書）及び附属明細表を意味します。

その他の情報は、会社についての諸情報（企業の概況、事業の状況、設備の状況、会社の状況、会社の株式事務の概要、会社の参考情報）を意味します。SO法では、第302条の開示統制及び手続に含まれます。

財務計算に関する書類その他の情報の適正性を確保するために必要なものとして内閣府令で定める体制は、財務報告に係る内部統制の体制を意味します。

日本の内部統制報告制度は、2007年2月の企業会計審議会総会で承認された『財務報告に係る内部統制の評価及び監査の基準』と『財務報告に係る内部統制の評価及び監査に関する実施基準』（以下においては、内部統制基準と略します）に基づいて実施されています。

　日本においては、金融庁が評価及び監査に関する内閣府令を策定し、金融庁企業会計審議会が評価及び監査の基準を制定する一元化を図っていますし、ダイレクト・レポーティングを不採用としました。

　因みに、COSO報告書改訂版と企業会計審議会の内部統制基準に記載された内部統制の機能及び要素を対比すると、図表4の通りです。

図表4：COSO報告書改訂版と内部統制基準の比較

COSO報告書	企業会計審議会基準
機能：事業体の目標の達成 ① 業務 ② 報告 ③ コンプライアンス	機能：企業等の目標の達成 ① 業務の有効性及び効率性 ② 財務報告の信頼性 ③ 事業活動に関わる法令等の遵守 ④ 資産の保全
構成要素： ① 統制環境 ② リスク評価 ③ 統制活動 ④ インフォメーション及びコミュニケーション ⑤ モニタリング	基本的要素： ① 統制環境 ② リスクの評価と対応 ③ 統制活動 ④ 情報と伝達 ⑤ モニタリング ⑥ ITへの対応

リスク・マネジメント

1 リスク・マネジメントとは

　内部統制が整備されて、会社の業務の有効性及び効率性の向上、財務報告の信頼性の確保、事業活動に関わる法令の遵守、資産の保全という目標が達成されたとしても、リスク・マネジメントを誤れば損失が発生するだけでなく、経営の破綻も起こり得るので、継続企業としての存続能力を確保するためには、リスク・マネジメントが重要です。

　元来、リスクとはそれが現実化すると損失及び損害をもたらすというマイナスの概念であり、リスク・マネジメントとは事故及び事件で被る金銭的損失をどのように回避、転嫁、低減するかという保険管理の業務でしたが、1990年代半ばに、リスクはコントロール次第で損失だけではなく利益ももたらすものであり、リスクを上手くコントロールするのがリスク・マネジメントであるという新しい概念が提案され、最近では、以下のような4つの概念が存在しています。

① 潜在的にネガティブな（マイナスの）結果をもたらす蓋然性（可能性よりも高い確実性）を持っている事象及び行為がリスクであり、これを抑制するのがリスク・マネジメントである。

② 目標の達成を阻害する要因を持っている事象及び行為がリスクであり、これを抑制するのがリスク・マネジメントである。

③　計画通りの結果と異なる結果の両方をもたらす不確実性を持っている事象及び行為がリスクであり、計画又は予算と結果の差異を最小範囲に抑制するのがリスク・マネジメントである。

④　マイナスとプラスの結果の両方をもたらす要因を持っている事象及び行為がリスクであり、マイナス方向のリスクの現実化を抑制し、プラス方向のリスクの現実化を促進するのがリスク・マネジメントである。

　上記の③の手法は、一定の範囲内での離着陸を確実にしなければならない航空業界及び確実に軌道に乗せなければならない宇宙開発業界等で使用される手法です。
　計画又は予算の達成を確実にするために阻害要因を排除するリスク・マネジメントであれば問題ありませんが、実際の数値を操作すると粉飾行為となります。

　上記の④の手法が通用するのは、保険及び金融の分野並びに為替及び商品等の相場リスクに限定されます。
　マイナスとプラスの結果の両方をもたらす要因を併せ持った事象及び行為は、リスクではなく**機会（opportunity）**として捉えるのが一般的です。

　リスクとは、未だ現実化していない（＝孵化していない卵のような）状態であり、リスク・マネジメントの概念と手法は、生産、卸売、小売、金融、保険、航空、宇宙開発、食品、化学品、医療等の業種毎及び分野毎に大きく異なるので、どのような概念及び手法が自社に適合するものかをしっかりと検討することが肝要です。

大多数の会社においては、リスクとリスク・マネジメントについて、以下のように理解して対処するのが適当と思います。

リスク・マネジメントとは、損失及び損害をもたらす要因を持つリスクが現実化する可能性を除去又は軽減する体制（システム）及び態勢（プロセス）であり、リスクが現実化してもその影響を軽減する体制及び態勢である。

2　リスク・マネジメントのプロセス

リスク・マネジメント（リスク管理）のプロセスは、以下の通りです。

① 損失をもたらす要因を持つリスクがどこにどのような状態で存在しているかを識別する。

② 識別したリスクを分析し、当該リスクが現実化する可能性及び現実化した場合の影響度を定量的又は定性的に評価する。

③ 当該リスクの回避又は受容を決定する。

④ 当該リスクを受容するのであれば、リスクが現実化する可能性を除去又は軽減する方法を決定する。

⑤ リスクが現実化する可能性を除去又は軽減する手段（リスク・コントロール）を実行する。

⑥ リスク・コントロールに必要かつ有用な情報を収集する。

⑦ リスク・コントロールが有効かどうかをモニタリングする。
　異常性を発見したときは、上位者に報告及び／又は対処法を上申し、関係者に伝達に伝達する。

⑧ リスク・マネジメントの方針、実行したリスク・コントロールの効果等のリスク・マネジメント・システムの有効性を評価する。

⑨ 評価結果を基に、リスク・マネジメントの不備を改善する。

　リスクが現実化する可能性を除去又は軽減する手段、及び現実化したときの影響を軽減する手段がリスク・コントロールです。
　リスク・マネジメントは、事前予防のプロセスです。リスク・コントロールの効果がなく危機的状態となったときの事後対処のプロセスが、クライシス・マネジメント（危機管理）です。

3　リスクの評価とリスク・マトリクス

　リスクは、決め事に従わなかったために発生する場合もありますが、その殆どは既に発生し存在しているものです。このことを、売買契約の売手と買手にとってのリスクを例示すると、以下の通りです。

売手にとってのリスク
- 売買契約締結後に売契約した商品の相場が急落し、買手に引取をして貰えないリスク
- 納入した商品の代金を買手に支払って貰えないリスク
- 納入した商品について買手から損害賠償を請求されるリスク

買手にとってのリスク

- 売買契約締結後に買契約した商品の相場が急騰し、売手に納入をして貰えないリスク
- 売手から瑕疵のある商品を納入されるリスク
- 売手から損害賠償をして貰えないリスク

売手と買手は、互いに相手方の信用度を評価し、リスクが現実化する蓋然性とリスクの現実化によって被る損失の程度を評価し、売買契約の締結の可否を検討します。

検討の結果、リスクが現実化する可能性が低く、リスクを取る（受容する）ことによって得る利益が大きいと判断すれば、売買契約の数量、単価、取引条件を吟味し、取引限度を設定して、契約を締結します。

これらの検討に使用する、リスク評価の結果を一覧表形式で表示したものが、以下のようなリスク・マトリクスです。

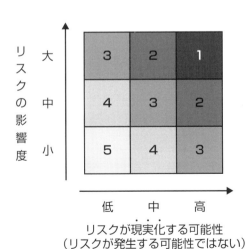

評価結果の1は、多額の利益又は損失をもたらす可能性の高いリスクですから、売買契約を締結せず回避するのが賢明です。評価結果の2も同様です（リスク・コントロールに自信が持てるなら別ですが）。
　通常は、評価結果の3と4のリスクを取り（受け入れ）3から4に、4から5にリスクが現実化する可能性とリスクが現実化したときの損害等の影響度を低く抑えるリスク・コントロールを施します。
　評価結果の5は、費用対効果の観点から、対処せず放置するレベルのものです。

　リスク・マトリクスの説明で、横軸に・リ・ス・ク・が・発・生・す・る・可・能・性、縦軸に・リ・ス・ク・が・発・生・し・た・と・き・の・影・響・度と表示しているものが多数見かけますが、これらの表現は、適当ではありません。
　何となれば、赤ん坊が生まれていなければ可愛いかどうかを評価できないのと同じで、リスクが発生していなければどれだけ高いか低いかを評価できないからです。
　正確な表現は、**リスクが現実化して損害が発生する可能性又はリスクが現実化する可能性若しくは損害が発生する可能性**と、**リスクが現実化したときの影響度又はリスクの影響度**です。
　保険会社及び銀行の多数が、横軸で・確・率・又・は・頻・度と表示します。その理由は統計データを基に計算が可能だからですが、その場合でも、**・発・生・確率及び・発・生・頻度**と表示するのは間違いです。
　サブ・プライム・ローンのように、確率及び頻度の前提条件に誤りがあると或いはこれらの前提条件が崩れると、全く役立たなくなります。
　リスクの・顕・在・化という表現も散見されますが、これをリスクの現実化という意味で使用するのも間違いです。**・顕・在・化**とは、潜在していたものの識別が可能となること（表面化）であり、**・現・実・化**とは異なるものです。

健全な経営に必要不可欠なリスク・マネジメントは、内部統制の一部であり、COSO報告書では、構成要素の1つである「リスクの評価」に記載されています。

　内部統制とリスク・マネジメントの2者の関係を図（球体）で示すと、図表5の通りです。

図表5：インターナル・コントロールとリスク・マネジメントの関係

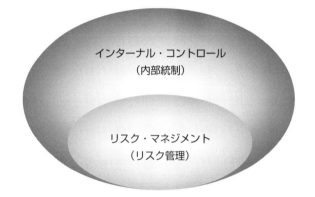

　リスク・マネジメントの中核は、会社の金銭的損失の発生を予防及び低減するビジネス・リスクのコントロールですが、会社の社会的信用の喪失をもたらす法務リスクの現実化による法令違反の発生を予防する、コンプライアンスの徹底も重要です。

 コンプライアンス

1　コンプライアンスとは

　コンプライアンスとは、事業体による自主規制です。法的規制による法令遵守と同一のものではありません。
　コンプライアンスとは、法令及び規則等の遵守よりも広い社会規範を尊重する、企業倫理及び行動規準等を遵守する、ということです。
　今日、コンプライアンスという用語は、一般に法令の遵守と理解され、「コンプライアンス（法令の遵守）」と記載されていますが、単に法令の遵守を意味するのであれば、コンプライアンスではなく、法令の遵守と明記すべきです。

　コンプライアンスの本来の意味は、確かに、法律、規則、社内規程、基準等の遵守、つまり法規の遵守でしたが、米国では、1970年代から1980年代にかけて、大規模な企業不正や経営破綻が続出しました。
　ウォーターゲート事件、証券会社によるインサイダー取引、貯蓄貸付組合（S&L）及び商業銀行の経営破綻等です。
　これらのスキャンダルを教訓に、1980年代半ばから多数の大企業が、企業倫理プログラム、コンプライアンス・ガイドライン、企業行動規範等を制定し、これらに則って行動するよう役職員に求めました。
　コンプライアンス・システムの構築過程で公正さや誠実さという企業倫理の概念が導入されました。

こうして、今日のコンプライアンスは、法規の遵守よりも適用範囲が広い、法規の遵守という当初の概念を超えた、企業倫理と和訳する方が適当な大きな概念に発展しています。

2　今日のコンプライアンス

今日のコンプライアンスの本質は、法規等の遵守という当初の概念を超えた、以下のような、大きな概念に発展しています。

今日のコンプライアンスは、法令に違反する行為を予防するだけでなく、倫理、道徳等の社会規範に違反する行為も予防するために各企業が自主的に設けた行動規範であり、立法精神の理解及び社会規範の尊重を徹底し、企業活動と役職員の行動を律するものである。

今日のコンプライアンスは他人から非難されることのないようにする事業体の自主規制ですが、その目的をどう理解するかが重要です。

今日のコンプライアンスは、規制として捉えるのではなく、役職員の行動を法令違反から予防するために（役職員が法令違反で処罰されないよう）、各社が独自に侵入禁止区域を設けたガイドラインであると理解して周知徹底するのが適当です。

① 会社の健全かつ継続的発展を目的に、総ての役職員による法規範及び社会規範の遵守を促進する。

② 法令の規制範囲よりも広範な自主規制を設けて、不注意や過失による役職員の法令違反を予防する（＝役職員と会社を護る）。

COSO報告書は「企業の評判は大変に価値のあるものであり、法令を遵守するだけでなく、倫理的企業活動を奨励する気風が必要である」と強調しています。

　コンプライアンス（社会規範を遵守する自主規制）と法令遵守（法的規制）の関係を図で示すと、図表6の通りです。

図表6：コンプライアンスと法令遵守の関係

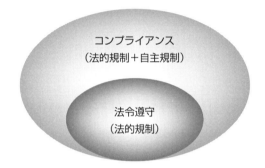

3　何故「コンプライアンス（法令遵守）」と書くのか

　法律では「してはならない」行為を条文で明確に限定しなければなりません。類似の行為であっても、明確に禁止された行為に合致していなければ、処罰できません。

　しかしながら、社会規範は明文化されていないため、してはならない行為の解釈や範囲が人によって異なります。

　法律の専門家は、成文化されている法令等と成文化されていない社会規範を明確に区別して取り扱わないと、自己否定に繋がります。

　法律の専門家が、コンプライアンスではなく、法令遵守という用語を使用する理由が、ここにあります。

このような事情を理解していないと、コンプライアンス＝法令遵守と誤解してしまいます。

4　コンプライアンス＝法令遵守と誤解するとどうなるか

法令違反は、以下の６つの何れか又はその組合せによって起きます。

① 　法令の不知（過失）
② 　法令の無知（過失）
③ 　法令に対する無関心（過失）
④ 　法令の解釈の誤り（過失）
⑤ 　法令の軽視（未必の故意）
⑥ 　法令の無視（故意＝確信犯）

　コンプライアンスとは法令遵守であると誤解すると、結果的に④又は⑤に陥り、法令違反を起こします。小賢しい者は、法令違反すれすれであっても違反さえしなければ大丈夫と高を括るので、その気はなくても法令を軽視しがちとなり、法令違反を起こすのです。

　10年前に、大規模企業の法務組織が闘う企業法務という標語を掲げ、しかも法令違反にならない限界まで攻めた者が勝つという論理で、営業部門を支援していました。その結果、法令違反を引き起こし、法的制裁だけでなく、社会的制裁を受けて信用を失墜する事態（＝評判リスクの現実化）が続発しました。

　グレーとクロの線引が明確でない法令もあるため、法令を曲げて解釈する、軽視する、無視する等の事態が続出したため、司法当局によって摘発され、処罰されたのです。

このことを理解した法務組織は、コンプライアンス・ガイドラインを作成し、違法行為の予防を役職員に喚起する組織へと転換しましたが、そのコンプライアンス・ガイドラインが適正かつ有効であるか否かは、今日のコンプライアンスの本質（コンプライアンス＝法令の遵守＋社会規範の尊重）を正確に理解しているかどうかによります。

　経営者が、会社と役職員を護ることを目的とし、コンプライアンス＝法令の遵守＋社会規範の尊重を骨子とする、コンプライアンス・ガイドラインを制定して周知徹底すれば、会社の自主規制に違反しても最悪の事態即ち法令違反を予防できるでしょう。

　日本では、リコールの隠蔽、食品の産地偽装及び製造日の改竄、建築物の耐震偽装及び不正改造、囮広告、医療過誤、工場及び工事現場での事故、列車運転中のメール送信、小学校教師によるアレルギー性食品の児童への供与、ホテル及び百貨店のレストランによる食材・産地の偽装・不適正表示、タイヤ・メーカーによる熱パネル・免震ゴム・防振ゴムの性能データの偽装、総合電機メーカーによる粉飾決算、建築業者による手抜工事及びデータ改竄、肥料及び医薬品メーカーによる不正製造及び隠蔽工作、廃棄食材及び食品の不正転売、燃費データの不正等の不祥事及び法令違反が跡を絶たない状況にあります。

　これらは、いわゆる全般的内部統制の態勢の不備（業務遂行において準拠すべき規則及び常識）即ちコンプライアンスの無知、軽視、無視に起因しています。

　ところが、これらの出来事をマス・メディアが法令違反又は不祥事という別個の事案として報道するため、これらが全般的内部統制の不備に起因していることに誰も気づかず、そのために、全般的内部統制の体制だけでなく態勢の整備が重要であることを理解できないのです。

これらの法令違反及び不祥事を予防するためには、全般的内部統制が広義の概念であり、その中核がリスク・マネジメントであり、その中にコンプライアンスが含まれ、法令遵守がコンプライアンスの一部に過ぎないことを理解する必要があります。

5　コンプライアンスと内部統制の関係

　コンプライアンスも内部統制の一部ですが、リスク・マネジメントの一部と考える方が適当でしょう。
　内部統制、リスク・マネジメント、コンプライアンスの3つの関係を図で示すと、図表7の通りです。

図表7：インターナル・コントロールとコンプライアンスの関係

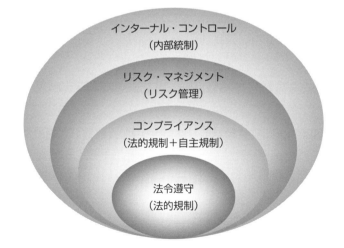

 # 4つのキー・ワードの相関関係

コーポレート・ガバナンス、インターナル・コントロール、リスク・マネジメント、コンプライアンス、という4つのキー・ワードの概念とそれらの相関関係について株式会社を題材として包括的に解説すると、以下の通りです。

1 コーポレート・ガバナンス

コーポレート・ガバナンスとは、企業の所有者である株主とその他の利害関係者が、企業価値を損ねることのないよう、経営者とその職務の執行に対するオーバーサイトとコントロールの仕組を構築しかつ有効に機能させて健全な企業行動を促進する外部コントロールです。

コーポレート・ガバナンスは取締役に対する株主その他の利害関係者からの要請であり、代表取締役等の最高経営執行者はその要請に応えて全般的内部統制の体制を整備し、社員を指揮、管理、監督して、会社の健全かつ継続的発展を図らなければなりません。

経営者は、株主と他の利害関係者によるコーポレート・ガバナンスの要請に応えるため、社内にインターナル・コントロールの体制と態勢を構築して有効に運用し、受託職務としての善管注意義務を果します。

株主の代理人である俸給経営者による会社の私物化及び株主利益を損ねる行為が後を絶たないために、法令及び証券取引所の上場規則等で規制されるようになりました。

法令及び証券取引所の上場規則等によるコーポレート・ガバナンスの強化は、財務報告（財務情報と企業内容等）の開示の正確性、十分性、適時性の強化によって行なわれます。

　日本版コーポレートガバナンス・コードは、企業の収益力を回復し、雇用機会の拡大、賃金の引上げ、配当の増加等を通じて、好循環を実現させることを目的に制定された会社経営者が遵守すべき行動規範です。東証は、本コードをその上場規則に採用しました。
　日本版スチュワードシップ・コードは、投資と会社との対話を通じて企業の持続的成長を促すことを目的に制定された資産運用受託者が遵守すべき行動規範です。

2　インターナル・コントロール

　インターナル・コントロール（内部統制）とは、会社の中に構築する予防機能、発見機能、是正機能の体制及び態勢です。
　要するに、誤りや過ち或いは巨額の損失等の好ましくない事態や悪い事態が起きないようにする体制及び態勢であり、そういう事態が起きても直ぐに発見して改める体制及び態勢です。

　体制とは、組織、制度（規程及び基準の制定、職務の分担及び権限の付与による業務の牽制）、手続、方法、様式等の決め事（仕組）です。
　態勢とは、役職員が組織、制度、手続、方法、様式等の決め事に従う身構え及び一連の行動です。
　仕組が設計通りに構築されていても、実行と実効が伴なわなければ、有効に機能しませんし、形骸化してしまいます。

社内をしっかりコントロールすることを「ガバナンスを効かせる」と言う場合もあります。この場合は、株主や他の利害関係者によるコーポレート・ガバナンス（企業統治）ではなく、経営者や取締役会等によるインハウス・ガバナンス（社内統治）を意味しています。

　全般的内部統制は広義の概念です。その中核がリスク・マネジメントであり、その中にコンプライアンス（法令の遵守＋社会規範の尊重）が含まれます。財務報告に係る内部統制も全般的内部統制の一部です。

　内部統制は、本来、各企業が自主的に自社に相応しいものを構築して運用するものですが、このことを理解せずに放置して法令違反及び経営破綻をもたらした経営者が多数いたため、会社法及び金融商品取引法で規制されるようになりました。

　内部統制がしっかりと整備され、業務の有効性と効率性、財務報告の信頼性、適用される法規の遵守、という事業体の目的が実現できても、リスク・マネジメントを誤れば損失が発生するので、継続企業としての存続能力を確保するためのリスク・マネジメントが重要です。

3　リスク・マネジメント

　リスク・マネジメントとは、損失をもたらすマイナスの要因を持っているリスクが現実化する可能性を除去又は軽減する処置を施す体制及び態勢であり、仮にリスクが現実化してもその影響を軽減する処置を施す体制及び態勢です。

　リスク・マネジメントは、内部統制の一部です。COSO報告書では、構成要素の1つである「リスク評価」に記載されています。

　リスク・マネジメントは損失の予防と軽減を主目的としていますが、法務リスクの現実化の予防と軽減も重要です。

法務リスクとは、法令に違反するリスク、処罰されるリスク、金銭的損失をこうむるリスク、社会的信用を失うリスクです。

4　コンプライアンス

　コンプライアンスと法令遵守は、同一のものではありません。コンプライアンスとは、明文規定のある法令に違反する行為を予防するだけでなく、成文化されていない倫理、道徳、習慣等の、社会規範に違反する行為をも予防するために各企業が自主的に設けた規範です。
　つまり、他人から非難されないようにするために、社内で立法精神の理解と社会規範の尊重を徹底し、企業活動と役職員の行動を律する自主規制です。
　コンプライアンスは、規制として捉えるのではなく、役職員の行動を法令違反から予防し、役職員が法令違反によって処罰されないよう保護するためのガイドラインと理解するのが適当です。
　コンプライアンスも内部統制の一部ですが、リスク・マネジメントの一部と考えるのが適当でしょう。
　COSO報告書は「企業の評判は大変に価値のあるものであり、法規を遵守するだけでなく、倫理的企業活動を奨励する気風が必要である」と強調しています。
　会社の評判を落とすリスク、ブランド・イメージを傷付けるリスク、社会的信用を喪失するリスクを、評判リスク又はレピュテーショナル・リスクと言います。

　以上の4つのキー・ワードの相関関係を図示すると、前掲の図表7となります。

5　4つのキー・ワードと内部監査の関係

　内部監査は事業体の自主判断によって行なう自主監査ですから、その目的及び手法は各社各様で、事業体によって大きく異なります。
　筆者が推奨する経営に貢献する現代の実践的内部監査を簡潔に述べると、以下の通りです。

　内部監査は、病気の予防又は感染している病気の早期発見及び再発防止のために実施する、事業体内の組織及び事業体外の組織（子会社等）に対する、健康診断及び加療上の助言である。

　その診断医である内部監査人は、被験者（監査先）に対して、診断（内部監査）結果を説明し、加療及び再発防止に有効な処置（異常な事態の抜本的解消に有効な施策）を助言する。

　内部監査の目的は、損失の予防、収益の拡大、資産の保全等の経営目標の達成を支援することの積重ねにより、健全かつ継続的発展という事業目的の実現を支援することにある。

　内部監査の実効は、事業目的の実現の支援という監査組織の目的に適った個別監査を実施して提言事項を実現させることである。

　株式会社を題材にコーポレート・ガバナンス、インターナル・コントロール、リスク・マネジメント、コンプライアンスという4つのキー・ワードの概念と内部監査の関係を解説すると、以下の通りです。

内部監査人は、コーポレート・ガバナンスの要請に適合する財務報告及び企業情報の開示が適時かつ適切に為されているかどうかを検証し、不備の指摘並びにその改善及び強化のための提言を行ないます。

　特に、コーポレート・ガバナンスと裏腹の関係にあるインターナル・コントロール（内部統制）が有効に機能しているかどうか、内部統制が有効でないために、監査先の組織及び業務上のムリ、ムラ、ムダ、誤謬、怠慢、違反、不正、未対処の重大なビジネス・リスク等の異常な事態が存在していないかどうかを重点的に点検します。

　何となれば、異常な事態は内部統制がプロセスとして有効に機能していないために生じるからです。

　経営に貢献する内部監査の目的とは、監査先の責任者に有益な助言を提供し、異常な事態の抜本的解消及び体質の強化を促進し、業務目標の達成、業務の継続、組織の存続が確実になるよう支援することにより、自社及び企業集団各社の健全かつ継続的発展の実現を間接的に支援することです。

　内部監査人は、監査先の組織、業務、内部統制の態勢が本来あるべき水準（決め事）よりも下に乖離していないかどうかを検証し、下に乖離していれば、その乖離の抜本的解消に有効な提言を行ない、業務目標、業務の継続、組織の存続の達成を支援し、その積重ねにより、自社及び企業集団各社の事業目的の実現を支援します。

　内部監査の重点的点検対象であるインターナル・コントロール（内部統制）の中に、リスク・マネジメント、コンプライアンス、法令遵守が含まれています。

以上4つのキー・ワードの概念とインターナル・オーディット（内部監査）の相関関係は、図表8のようなものです。

図表8：4つのキー・ワードと内部監査の関係

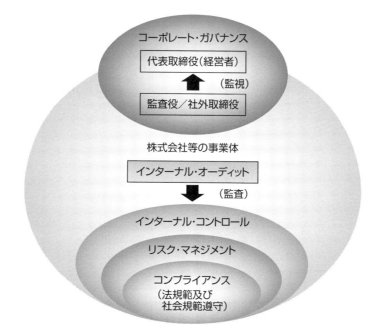

第4章

モニタリングと内部監査の重要性

　全般的内部統制を有効に機能させるためには、業務上の誤り及び過ちを発見し、是正するモニタリングが不可欠である。
　モニタリングには、現場単位で行なう日常的モニタリングと第三者が行なう独立的評価の2つがある
　内部監査は、最も信頼性の高い独立的評価であるだけでなく、日常的モニタリングが現場単位(当該部署)の自浄機能であるのに対し、会社単位の(全社的)自浄機能である。

有効なモニタリングの重要性

1　モニタリングとは

(1)　モニタリングと独立的評価

モニタリングとは、異常な事態の発生の兆候を透かさず感知するため及び発生した異常な事態に透かさず対処するために、ある物事の変化を継続的に注視することを意味します。

全般的内部統制は重大な誤り及び過ちの予防（予防できなくても発見及び是正）を目的として構築するものであり、モニタリングによる発見及び是正が重大な誤りの予防及び重大な過ちの牽制となり、全般的内部統制が有効に機能します。

全般的内部統制はシステムを構築するだけでは（フロー・チャート、業務記述書、リスク・コントロール・マトリクスの三点セットを文書化するだけでは）機能しないので、プロセスとして有効に機能しているかどうかを点検するモニタリングの実施が必要です。

COSOの『内部統制の統合的枠組』は、「モニタリングには、日常的モニタリングと独立的評価の2つがある。モニタリングのプロセスは、日常的モニタリング活動若しくは独立的評価又は両者の組合せを通じて達成される」と述べています。

これを一覧形式で纏めると、次の通りです。

モニタリング	日常的モニタリング	組織内部の上位者による点検
	独立的評価	管理部門組織による二重点検
		内部監査組織による三重点検

　全般的内部統制という自浄機能は、社内の組織毎に、その責任者及び上位者等が日常業務において、部下の業務の進捗状況、業務目標の達成状況、リスク・コントロールの有効性、重大な誤謬、怠慢、違反、不正等の異常な事態が発生していないかどうかを点検し、疑問があれば問い質す、問題があれば解決に導く、異常な事態があれば是正する等の管理及び監督活動によって担保されます。これが、現場単位で日常の業務に組み込まれて行なわれ、日常的モニタリングと呼ばれる、1つ目の自浄機能です。

　しかしながら、この日常的モニタリングには点検者の不注意、油断、手抜等によって機能しなくなるリスクが内在しているので、全般的内部統制という自浄機能は管理部署による二重点検と牽制によって重層的に担保されます。これが、当該組織の外部にいる第三者によって行なわれ、独立的評価と呼ばれる、2つ目の自浄機能です。

　ところが、管理部署による独立的評価にも、被管理部署との業務上の関係、不注意、手抜、油断によって有効に機能しなくなるリスクが内在しているので、3つ目の自浄機能として内部監査組織による独立的評価が必要となります。

　内部監査は、最も信頼性の高い独立的評価であるだけでなく、日常的モニタリングが現場（社内組織毎）の自浄機能であるのに対し、全社的（会社の）自浄機能として位置付けられる、重要な独立的評価です。

2　リスク・マネジメントにおける3つの防衛線とは

　リスク・マネジメントにおける3つの防衛線（3つのディフェンス・ライン）とは、次の3部門を意味します。有効なリスク・マネジメントには3つの防衛線の連携が不可欠です。

第1の防衛線	リスクを所有して管理する部門	業務運営部門
第2の防衛線	リスクを管理する部門	リスク・マネジメント部門 コンプライアンス部門 コントローラー部門
第3の防衛線	独立的アシュアランスを提供する部門	内部監査部門

　この3つの防衛線という概念は、1947年に公表された内部監査人協会（IIA）の意見書の「内部監査の本質」（1999年制定の内部監査の定義の前身）に記載された統制手続の焼直しのようなものです。

　内部監査とは、経営者に対する防衛的かつ建設的貢献の基礎として会計、財務、その他業務の吟味のための組織体内の独立的評価活動である。
　内部監査は、他の統制手段の有効性を測定し、評価することによって機能する統制の一形態である。
　内部監査は、基本的に会計的及び財務的事項を取り扱うが、業務的性質の事項も当然に取り扱う。

当時は、内部監査は、内部統制の一部であり、control of controlsであると考えられていたため、前掲の本質を言い換えると、「内部監査は、会計、財務、その他の業務に対する一次統制と二次統制の有効性を評価することによって機能する三次統制である」ということになります。

一次統制	業務担当部門の上位者による下位者の直接統制
二次統制	管理部門による間接統制
三次統制	監査部門による間接統制

　当時は、米国会計士協会（AIA、米国公認会計士協会（AICPA）の前身）の『**監査基準試案：一般に認められた意義及び範囲**』（1947年）において、内部監査は内部統制組織（システム）の重要な一要素であると定義されていました。

　尚、この定義は、1975年公表の監査基準書第9号『**独立監査人の監査範囲に及ぼす内部監査機能の影響**』において否定されています。

3　不正のトライアングルの排除の重要性

　不正のトライアングルは、米国のDonald R. Cressey教授が服役中の横領犯罪者との面談調査と分析によって解明した不正の仕組についての仮説です。

　Cressey教授は「普通の人間が不正を働く動機を固めた背景には3つの要因の存在があり、そのうちの1つだけでも排除すれば、不正を抑止できるのではないか。」という仮説を述べました。

　そのうちの1つの要因とは、「不正を働く**機会**（opportunity）」を意味しています。

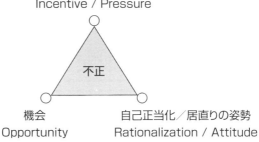

　日常的モニタリングの適切な実施によって、不正のトライアングルの中の機会だけでも除去すれば不正の牽制となるので、内部監査において不正をもたらす機会の有無（日常的モニタリングの有効性）を遺漏なく検討することが肝要です。

　殆どの解説書が「incentive」を「動機」と和訳していますが、これは「動機づけのためのアメとムチ」であり、「動機」ではありません。
　Cressey 教授は3要素が揃うことで動機が固まったと推定し、それが不正のトライアングルとして一般化したのであり、incentiveを動機と誤訳すると、他の2要素は不要となり、仮説は成立しません。

＊ motive ＝動機
＊ motivation ＝動機づけ
＊ incentive ＝動機づけのための刺激、報奨＝アメ
＊ pressure ＝動機づけのための圧力、強制＝ムチ

 内部統制と内部監査の関係

1　内部統制と内部監査は異なるもの

　内部統制も内部監査も最高経営執行者の経営管理用具（management tools）の1つですが、その属性は以下の通り異なるものです。

　内部統制は、全社的に整備して総ての役職員が実践するものであり、内部監査は、個別内部監査において、内部監査の職務の1つとして、内部統制の有効性を検証するものである。

　つまり、内部統制と内部監査は、以下のような関係にあります。

① 　内部統制は、経営目標の達成、損失及び不祥事の予防、収益の拡大、資産の保全、健全かつ継続的発展等の事業目的を実現するために整備する体制であり、役職員が実践する態勢である。

② 　内部監査は、経営目標の達成、損失及び不祥事の予防、収益の拡大、資産の保全、健全かつ継続的発展等の事業目的の実現を支援するために実施する、健康診断及び加療上の助言である。

③ 　内部統制は役職員が実践するプロセスであり、内部監査はその実施において、内部統制のプロセスの有効性を検証する。

2　内部監査は内部統制の一部ではない

　COSO報告書『内部統制の統合的枠組』に記載された「モニタリング活動」について、以下のような誤解が見受けられます。

①　独立的評価とは、内部監査を意味する。
②　内部監査は、独立的評価を行なう、内部統制の構成要素である。

　しかしながら、COSO報告書は、その「独立的評価を誰が行なうのか」という部分で、以下の通り記載していますから、内部監査は内部統制の構成要素の1つではありませんし、内部監査人の本務が内部統制の評価でもありません。

　内部監査人は、通常、その本来の職務の一部として、又は取締役会、上級経営者若しくは子会社若しくは部長からの特別な要求に基づき、内部統制の評価を実施する。

　内部統制基準のⅠの4に「本基準において、内部監査人とは、組織内の所属の名称の如何を問わず、内部統制の整備及び運用状況を検討、評価し、その改善を促す職務を担う者及び部署をいう。」と記載されてはいますが、本務であるという意味ではありません。
　内部監査人は、個別の内部監査を実施して、自社及び企業集団各社の経営目標の達成及び事業目的の実現を支援することを本務として、内部統制の整備及び運用状況を検討、評価し、その改善を促す職務を担っているのです。

3 財務報告に係る内部統制の評価と内部監査は異なるもの

　財務報告に係る内部統制の有効性の評価と内部監査も、同じものではありません。両者の違いをしっかりと理解して対処しないと、とんでもない事態を招来します。

　両者の相違点を一言で述べると、以下の通りです。

　財務報告に係る内部統制の評価は、財務報告の信頼性の確保と向上を図るために実施するものであるのに対し、内部監査は、個別内部監査において、経営目標及び事業目的の実現を阻害する異常な事態が存在していないかどうかを点検するために、全般的内部統制の有効性を検証する。

　つまり、両者の相違点は、以下の通りです。

① 財務報告に係る内部統制の評価の目的は財務報告の信頼性を確保することにあるので、財務報告の信頼性に影響を及ぼさないリスクは、継続企業の前提に重大な影響を及ぼすものであっても、評価しない。
　　財務報告に係る内部統制の評価は継続企業としての存続能力を確保するために不可欠の要素であるが、それだけでは存続能力を確保できない。

② 内部監査の目的は継続企業としての存続能力（会社としての事業及び組織等の継続能力）の確保を支援することにあるので、財務報告に係る内部統制を含む、全般的内部統制の有効性を検証する。

(1) 内部統制報告制度の目的

　金融商品取引法第24条の4の4及び第193条の2第2項で規定された内部統制報告制度とは、上場会社等に対し、財務報告に係る内部統制が有効に機能しているかどうかを評価した結果を纏めた報告書を有価証券報告書と併せて提出させ、かつ当該評価が適切であることの公認会計士又は監査法人による証明を要求したものであり、2008年4月1日以降に開始する事業年度から適用されています。

　金融商品取引法で規定された内部統制報告制度の目的は、以下にあります。

① 上場会社の財務報告に係る内部統制の整備を促進し、その財務報告の適正性及び信頼性を高める。
② それによってディスクロージャー（企業内容等開示）制度の信頼性を高める。
③ それによって証券資本市場の信頼性を確保しかつ一般投資者の保護を図る。

(2) 財務報告に係る内部統制の評価の目的

　会社の代表者が財務報告に係る内部統制の有効性を評価する目的は、財務報告に係る内部統制の体制（システム）が設計通りに整備されかつ有効に運用されているか（プロセスとして有効に機能しているか）どうかを点検し、重要な不備があれば補正することにあります。

(3) 全般的内部統制と財務報告に係る内部統制の目的の違い

　全般的内部統制を整備する目的は、自社及び企業集団各社の健全かつ継続的発展を確実にすることにあります。斯かる目的を実現するために設定する目標が、業務の有効性及び効率性の向上、財務報告の信頼性の確保、事業活動に関わる法令の遵守、資産の確保です。
　財務報告に係る内部統制の整備する目的は、財務報告の信頼性を確保することにあるので、全般的内部統制を整備するために設定する目標の1つに過ぎません。因って、両者の間には、目的と目標という次元及び対象とする範囲において、大きな違いがあります。

(4) 現代の実践的内部監査の目的

　経営に貢献する現代の実践的内部監査の目的は、自社及び企業集団の経営目標の達成及び事業目的の実現を支援することにあります。
　経営目標の未達及び異常な事態（事故、不祥事、損失等）の発生は、全般的内部統制の不備によってもたらされます。
　ですから、現代の実践的内部監査においては、異常な事態を効率的に発見する方法又は手段として、監査リスク・ベースの監査手法により、全般的内部統制の有効性を評価します。

(5) 内部監査と財務報告に係る内部統制の評価の違い

　実践的内部監査における評価対象は、財務報告に係る内部統制を含む全般的内部統制ですが、財務報告に係る内部統制の評価対象は、全般的内部統制の財務報告に係る部分だけです。これが、両者の違いです。

自社及び企業集団の継続企業としての存続能力を確保するためには、財務報告に係る内部統制だけでなく、それを包含する全般的内部統制を評価する必要があります。

　内部統制を木にたとえれば、全般的内部統制とはその木全体であり、その一枝が財務報告に係る内部統制です。

4　内部監査人の財務報告に係る内部統制の評価への対処

　内部監査人は、以下の事由で、財務報告に係る内部統制の評価だけに専念又は特化すべきではありません。

① 　内部監査の目的は、会社の事業目的の実現を支援することにある。

② 　財務報告に係る内部統制評価の目的は、財務報告の信頼性を確保することにあるので、この目的外となるリスクは評価の対象外となる。

③ 　財務報告に係る内部統制評価に専念して財務報告の信頼性を確保できても、評価の対象外にあるリスク・マネジメントの失敗によって経営が破綻するのでは、本末転倒となる。

④ 　会社の健全かつ継続的発展を支援するためには、組織及び業務に潜在している異常な事態の発見に傾注しなければならない。

⑤ 　適正な内部統制報告書を作成及び提出するためには、財務報告に係る内部統制の評価の適切性について監査をしなければならない。

財務報告に係る内部統制の評価は専門の要員に担当させるべきであり、内部監査組織がこの業務を担当している場合は、別の組織がその適切性及び有効性について監査しなければならなくなります。

　会社の事業目的は、継続企業としての健全かつ継続的発展です。財務報告の信頼性の確保は、そのために満足すべき一要素に過ぎません。
　内部監査人は、その他の要素を含む全般的内部統制（特に、リスク・マネジメント）が有効に機能しているかどうかを監査する任務を負っているのです。

5　継続企業に貢献する内部監査の重要性

　自社及び企業集団各社が継続企業としての存続能力を確保して健全かつ継続的に発展するためには、異常な事態の発生を予防、発見、是正する自浄機能（日常的モニタリング及び独立的評価）が有効に機能する全般的内部統制の確立並びに維持が不可欠です。
　全般的内部統制を有効に機能させるためには、全社的自浄機能を発揮する内部監査の体制及び態勢の整備が必要です。
　全般的内部統制の体制は毎年の経営目標の達成及びその積重ねによる事業目的の実現を確実にするための決め事から成る仕組であり、総ての役職員がこの決め事を遵守して行動しなければ機能しません。
　全般的内部統制のシステムの整備及びプロセスとしての実践により、業務の有効性及び効率性の向上（＝業務上のミス、ムリ、ムラ、ムダ、トラブル等の異常な事態の排除）、財務報告の信頼性の向上（＝不正な財務報告の排除）、コンプライアンスの確立（＝法令違反及び不祥事の排除、資産の保全等）が可能となります。

実践的内部監査は、事業目的の実現の基となる経営目標の達成を阻害する異常な事態が存在していないか、異常な事態が発生しそうな状況にないかどうかを感知するための、健康診断業務です。

　異常な事態の自浄機能である全般的内部統制の体制が有効に作動しているかどうかのモニタリングを実施して、監査先の組織に潜在している異常な事態を発見し、その抜本的解消（根絶やし）に有効な施策を提言する助言（アドヴァイザリー）業務です。

　自社及び子会社等の健全かつ継続的発展は、適切な全般的内部統制の体制の構築と総ての職員による有効な運用にかかっています。

　自社及び子会社等の健全かつ継続的発展を図るためには、全般的内部統制と統合した内部監査の実施による異常な事態の発見、原因の究明、原因及び実情の指摘並びにその抜本的解消に有効な施策の提言が重要ですが、当該部門及び関係部門の適切な対処（異常な事態の抜本的解消のための取組）が伴なわなければ担保されません。

　内部監査とは、ある事象について事実を確かめ、それを基に形成した監査意見を監査先責任者及び最高経営執行者等に正確に伝えるために、自分の頭を使って実施する業務です。

　経営に貢献する内部監査を実施するためには、内部監査の基本をしっかりと頭に叩き込み、監査マニュアルに頼らず、思考を凝らしながら、事実を多面的に検証すること、その結果としての監査意見を正確にかつ明瞭に伝達することが肝要です。

第 5 章

現代の実践的内部監査

　現代の実践的内部監査は、病気の予防又は早期発見及び再発防止のために実施する、自社の組織及び子会社等に対する健康診断及び加療上の助言である。
　内部監査人は、被験者に診断の結果を説明し、予防又は加療及び再発防止に有効な処置を助言し、その実現に導くことによって、経営に貢献する。

 経営に貢献する内部監査とは

1　経営に貢献する内部監査の3つの視点

(1)　経営に貢献する内部監査とは

　経営に貢献する内部監査とは、経営者（取締役会、最高経営執行者、その他経営執行者等）の懸念事項を重点的に検証する監査です。

　経営に貢献する内部監査とは、経営者の3つの視点で的確に検証、評価、報告して経営判断に資するものであり、金銭的損失及び会社の信用の低下をもたらすリスクを内包する異常な事態の抜本的解消に有効な施策を監査先の責任者に提供してその実現に導き、自社及び企業集団各社の健全かつ継続的発展に資するものである。

　要するに、次の機能を果たして監査先、経営者、会社に貢献します。

⑴　監査先に潜在している異常な事態を発見し、その抜本的解消に有効な施策を提言して、業務目標の達成、損失及び不祥事の予防を支援する。

⑵　経営上の判断、全般的内部統制体制の整備、財務報告に係る内部統制態勢の有効性の評価、内部統制報告書の作成等に有用な情報を提供して自社及び企業集団各社の健全かつ継続的発展を支援する。

(2) 内部監査の3つの視点とは

経営に貢献する内部監査の3つの視点とは、次のものです。

(1) 予算の達成度の確認…利益の源泉の安定確保と新規案件の成否
　　経営目標が確実に達成されかつ会社の財産が保全されて、安定的事業継続、雇用、配当ができる状況にあるか。

(2) リスク・マネジメントの有効性の確認…損失の予防と軽減
　　リスク・マネジメントの失敗によって多額の損失を計上し、継続企業としての存続能力を喪失する惧れはないか。

(3) コンプライアンスの有効性の確認…不祥事の予防と発見
　　役職員の不祥事及び違法行為によって会社の信用を失墜し、継続企業としての存続能力を喪失する惧れはないか。

2　現代の実践的内部監査の概観

　経営に貢献する現代の実践的内部監査は、会社の経営目標の達成及び事業目的の実現を支援する健康診断及び有効な助言の提供です。

　現代の実践的内部監査とは、病気の予防又は感染している病気の早期発見及び再発防止のために実施する、自社の組織及び子会社等に対する健康診断及び加療上の助言である。診断医である内部監査人は、被験者に診断の結果（未病又は既病の程度）を説明し、予防又は加療及び再発防止に有効な処置を助言し、その実現に導くことによって、経営に貢献する。

現代の実践的内部監査においては、監査先の業務が一定の規準に適合しているか、一定の基準を充足しているか、業務結果が正確であるか、重要な書類を適切に保管しているかよりも、監査先の組織及び業務上のムリ、ムラ、ムダ、誤謬、怠慢、違反、不正、未対処の重大なビジネス・リスク、内部統制の不備等の異常な事態が潜在していないか、業務目標及び予算等を着実に達成しているか、事業継続能力（継続企業としての存続能力）を確保しているかどうかを優先的かつ重点的に検証します。

　異常な事態とは、正常でない事態、放置できない事態、抜本的に解消しなければならない事態です。
　監査証拠の入手によって異常な事態の存在を確認したときは、斯かる事態をもたらした原因を究明し、○○が原因で××の異常な事態が存在していると指摘します。
　異常な事態（××の事態）が存在していると指摘するときは、それを立証する証拠を確保しておかなければなりません。
　その上で、生活習慣の改善、体質の改善、治療、患部の切除等に相当する、異常な事態の抜本的解消に有効な施策を提言します。

　検証とは、法令、規則、社内規程、基準、手続等の遵守性、充足性、業務の有効性、正確性等の観点での実情の**点検**、関連資料の**分析**、照合、比較、分析結果の評価による**確認**です。
　規準への適合性とは、様々な業務を正確にかつ有効に遂行するために文言で明示された社内規程、基準、手続等への準拠の程度又はそれらの遵守の程度です。
　基準の充足性とは、生産及び加工の業務において不良品や事故を発生させないために数値で明示された基準値等の満足度です。

存在を確認した異常な事態の原因及び実情の指摘並びに異常な事態の抜本的解消に有効な施策の提言を内部監査の**監査意見**と言います。

　監査意見の正当性及び客観性を立証する資料を**監査証拠**と言います。

　監査証拠を入手する手段及び方法を**監査技術**と言い、それらの複数の組合せを**監査手続**と言います。

　この他に、監査手順、一連の監査行為、監査行為の総てを**監査手続**と言う場合もあります。

　経営者の代理人としての内部監査人が受託職務（内部監査）を適切に遂行したことの説明義務を果たすための報告書が、監査調書です。この記載事項の適正性を証明する資料が、監査証拠です。

3　現代の実践的内部監査の目的

　現代の実践的内部監査の目的は、自社及び企業集団各社の経営目標の達成及び事業目的の実現を支援すること、つまり健全かつ継続的発展の実現を支援することにあります。

　自社及び当該企業集団各社の継続企業としての存続能力の確保に貢献する現代の実践的内部監査の目的は、損失の予防、収益の拡大、資産の保全等の経営目標の達成を支援することの積重ねにより、健全かつ継続的発展という事業目的の実現を支援することにある。

　換言すると、事業体の経営目標又は事業内部の監査先の業務目標の達成及び事業目的の実現を阻害する要因を発見してその原因及び実情を指摘し、阻害要因の排除に有効な施策を提言して、事業体の経営目標の達成及び事業目的の実現を確実なものとするよう支援することです。

具体的には、監査先の組織、業務、内部統制の体制及び態勢の有効性、適切性、適時性、十分性、効率性、規準への適合性、基準の充足性等を点検し、本来あるべき水準から下への乖離の程度を把握、分析、評価し、乖離を埋めるために有効な改善策の提言を行ない、監査先の業務目標の達成、業務の継続、組織の存続が確実になるよう改善を支援することの積重ねによって自社及び企業集団各社の経営目標の達成を支援し、その積重ねによって究極の目的である事業目的の実現を支援することです。

経営目標の達成延いては事業目的の実現の支援という現代の実践的内部監査の目的を実現するためには、それら阻害要因について理解しなければなりません。

(1) 事業目的実現の阻害要因

(1) 業務上のムリ、ムラ、ムダ、誤謬、怠慢、違反、不正の存在
　　⇒ 業務効率の低下、業績の低迷、事業損失の発生
(2) ビジネス・リスクの現実化
　　⇒ 不良品、事故、事業損失の発生
(3) レピュテーション・リスクの現実化
　　⇒ コンプライアンス違反、粉飾、不正による会社の信用の低下

(2) 阻害要因が現実化する原因

(1) 日常的モニタリングの体制及び態勢の不備
(2) リスク・マネジメントの体制及び態勢の不備
(3) コンプライアンスの体制及び態勢の不備

内部監査の基本的目的は不正の摘発ではありませんが、異常な事態を発見すれば、業務上の誤謬、怠慢、不正の発見も可能となります。

　外部監査の基本的業務目標が重要な誤謬及び虚偽の表示の発見であるのに対し、内部監査の基本的業務目標は異常な事態の発見です。

　本書で解説する現代の実践的内部監査を適切に実施すれば、監査先の組織及び業務に潜在している異常な事態の発見が可能です。その原因を究明していけば、誤謬、怠慢、不正のどれであるかが判明します。

　つまり、不正の摘発を監査目標として設定しなくても、異常な事態を発見してその原因を究明すれば、不正の発見が可能となるのです。

4　現代の実践的内部監査の3つの機能

　現代の実践的内部監査は、会社への貢献、最高経営執行者への貢献、業務運営責任者の支援という、3つの機能を持っています。

(1) 会社に対する貢献

　自社及び企業集団各社の健全かつ継続的発展を支援する。これは、株主及びその他利害関係者に対する貢献に繋がる。

- 自社及び企業集団各社の経営目標の達成、損失の予防、収益の拡大、資産の保全、企業価値の増大、不祥事の予防、健全かつ継続的発展という事業目的の実現の支援

(2) 最高経営執行者等に対する貢献

　最高経営執行者及びその他の経営執行者が株主から課されたアカウンタビリティの解除に必要な要件の充足を支援する。

- 善管注意義務、忠実義務、監視義務の適時かつ適切な遂行の支援

- 株主及びその他利害関係者に対するコミットメントの実現の支援
- インハウス・ガバナンス、インターナル・コントロール、リスク・マネジメント、コンプライアンス、内部報告及び外部報告等の態勢の不備（誤謬、怠慢、違反、不正等の異常な事態）を発見しその整備に有効な施策を提言することにより、ガバナンスの強化の支援
- 企業集団の資産の保全、ブランド・イメージ、社会的評価、信用の向上の支援による企業価値の増大の支援
- 有用情報の提供による適時かつ適切な経営判断の支援
- これらによる、経営者のアカウンタビリティの信頼性向上の支援

(3) **業務運営管理者等に対する支援**

業務運営管理者及びその部下が受託業務を適切に遂行していることを証明することにより、上司によって課されたアカウンタビリティの解除に必要な要件の充足を支援する。

- 監査先の受託業務に潜在している業務目標の達成を阻害する要因を発見して原因及び実情を指摘しかつ阻害要因の抜本的排除に有効な施策を提言することによる、業務目標の達成の確実化、業務の継続、当該組織の存続等の支援

5　現代の実践的内部監査の実効

内部監査の目的は、立派な監査報告書の提出ではなく、監査先の業務目標の達成、業務の継続、組織の存続等を阻害する異常な事態の抜本的排除に有効な助言を提供し、その実行に導き、実現させることにより、自社及び企業集団各社の健全かつ継続的発展に資することであるから、内部監査の実効とは、監査意見としての提言事項の実現です。

自社及び当該企業集団各社の継続企業としての存続能力の確保に貢献する現代の実践的内部監査の実効とは、事業目的の実現の支援という監査組織の目的に適った個別監査を実施して提言事項を実現させることである。

　要するに、監査先において看過されている損失の予防、収益の拡大、資産の保全等の業務目標の達成を阻害する異常な事態があれば漏らさず発見し、その抜本的解消に有効な助言を監査先組織の責任者に提供して、その実現（異常な事態の抜本的解消）に導くことです。

6　実効を上げる内部監査の必須の要件

　内部監査の実効とは、監査先の業務目標の達成及び業務の継続を阻害する異常な事態の抜本的解消に有効な施策を提言し、監査先組織の責任者に実現させることであるから、監査先の組織及び業務に潜在している異常な事態を漏らさず発見し、斯かる事態の抜本的解消の必要性を理解させて積極的に対処させることが肝要です。
　内部監査の実効を上げるためには、監査先組織の責任者を納得させて積極的に対処するように仕向ける監査意見の提供と最高経営執行者等の経営判断に役立つ報告書の提出が必要です。

　内部監査の実効を上げるために必須の要件は、以下の3つです。

(1) **異常な事態の発見**
　　異常な事態の発見及び抜本的解消が、予算、計画、目標の達成及び事業継続能力の確保並びに誤謬、怠慢、不正の発見及び予防を可能にする。
　　因って、内部監査の成否は異常な事態の発見にかかっている。

(2) 内部統制の有効性の評価

異常な事態は、内部統制の体制及び態勢の不備によって発生する。

因って、① 重要なビジネス・リスクを特定する、② それに対する内部統制又はリスク・コントロールの有効性を評価する、③ これが有効に機能していないために残る統制リスクの程度を評価する、④ こうして特定した統制リスクの高い事項を重点的に検証する。これが経営に貢献する現代の実践的内部監査の効果的かつ効率的実施方法である。

予備調査において内部統制（コントロール）の有効性を評価する理由は、監査リスク・ベースの内部監査を実施するためです。

(3) 監査リスク・ベースの監査の実施

内部監査の実効を上げる指摘及び提言に繋がる異常な事態を発見する内部監査の効果的かつ効率的実施方法は、監査リスク・ベースの監査手法である。

7　内部監査人の属性と本務

(1) 内部監査人の属性

内部監査人は、経営者のスタッフとして、独立の立場で、委託された監視業務（モニタリング業務）を遂行し、経営者の懸念事項についての検証、検証事項についての客観的な評価、実在を確認した異常な事態の抜本的解消に有効な施策を監査先組織の責任者に提供し、かつその概要報告及び経営上の有用情報を最高経営執行者等に提供します。

これを具体的に述べると、以下の通りです。

① 内部監査人は、取締役会及び最高経営執行者のスタッフである。

- 内部監査人は、外見上だけでなくも実質上も独立性を保持して、他の組織から干渉されることなく、客観的立場で監査業務を遂行する。

- 内部監査人は、助言を提供するだけであり、自分で実行したり、監査先（ライン組織）に命令したりしてはならない。

② 内部監査人は、取締役会及び最高経営執行者等からその職務の一部である監視業務を受託して以下の業務を行なう。

- 監査先の組織、業務、内部統制の実情を客観的に検証して異常な事態を発見し、監査先組織の責任者に発見した事実を指摘するとともに、その是正又は改善並びに同様事態の再発防止（＝異常な事態の抜本的解消）に有効な施策を助言する。

- 最高経営執行者に対して、その経営判断、内部統制の整備、財務報告に係る内部統制の有効性評価及び内部統制報告書の作成等に有用な情報を提供する。

- 自社が企業集団を形成する親会社である場合は、子会社及び関連会社に対しても内部監査を実施し、企業集団各社及び自社の最高経営執行者に対して上記と同様の助言及び情報を提供する。

(2) 内部監査人の本務

　内部監査人の本務は、自社及び企業集団各社の健全かつ継続的発展の支援を目的とする内部監査であり、内部統制報告書の作成を目的とする財務報告に係る内部統制の評価ではありません。その事由は、第4章のⅡの3及び4で解説した通りです。

　内部監査人は、他の組織の内部統制の整備において当事者及び詳細な助言者となってはいけません。その理由は、そのことについての客観的監査ができなくなるからです。

　内部監査組織も会社組織の1つですから、内部統制を整備して有効に機能させなければなりませんし、その有効性について外部者が検証する必要があります。例えば、監査役とそのスタッフによる検証です。

---

column 4

Integrity

　IIAのIPPF（専門職的実施の国際フレームワーク）も、COSOの各種報告書も、その冒頭で内部監査人及び経営執行者が「integrity」を保持することの重要性を強調しており、「誠実性」と和訳されている。

　日本語の「誠実性」は言動に嘘、偽り、ごまかしがなく、常に良心の命ずるまま行動することを意味するが、英語の「integrity」は、決して揺らぐことなく厳格な道徳的倫理的規範を守り抜くこと、言葉と行動が一致すること（言行一致）、一貫してぶれないことを意味し、日本語の「誠実性」よりも遥かに厳格なものである。

　内部監査人は、監査意見の提供において、相手によって加減を加えることなく、是々非々の意見を淡々と述べることが肝要である。

従来の一般的内部監査の弱点及び失敗の主因

1　従来の一般的内部監査の弱点

従来の一般的内部監査には、以下のような弱点があります。

[1]　規程等の網羅性、整合性、適正性を点検しない

　規程、基準、手続、書式の整備状況を点検するが、内容の網羅性、適正性、有効性、十分性を検証しない。

　これでは、社内規程、基準、手続、書式等が有効であることを保証できないし、その内容に不備及び不整合があっても気づかない。

[2]　規程等に準拠していない理由を究明しない

　社内の規程、基準、手続、書式等に準拠しているか否かを点検し、準拠していない原因を究明しない。
これでは、是正要請に終り異常な事態の抜本的解消を図れない。

[3]　一連の業務を追跡して点検しない

　契約不履行等の異常な事態の発生の感知に必要な、売買契約⇒商品受渡⇒代金決済という、一連の業務の推移を追跡して点検しない。

　チェック・リストを使用して脈絡のない事項を点検しても、異常な事態を容易に発見できない。

[4]　趨勢分析を適用しない

　会計処理の異常変動の有無の点検、業務の有効性の点検、事業及び収益の継続性の点検をしない。

　趨勢分析を適用しなければ、これらの点検はできない。

[5]　異常な事態の抜本的解消に有効な提言をしない

　監査意見であると誤解して改善要請をするだけである。この結果、異常な事態の一時的是正は図れるが、抜本的解消は図れない。異常な事態へのパッチワーク的対処でなく、抜本的解消に有効な提言をしなければ、個別監査の実施の都度もぐら叩きを繰り返すことになる。

[6]　異常な事態の抜本的解消を図れないことに気付かない

　上司の承認印の取得、誤計算及び誤記の訂正、重要文書の作成及び保管等の改善を要請して異常な事態が解消したと錯覚し、それがつぎあてに過ぎず、同様事態の再発防止に役立たないことに気付かない。

　責任者の承認印を得ていなかったという社内規程違反であっても、穏便にすますために「承認印の取得漏れ」という表現で改善を求め、責任者が押印すれば、それで改善が実現したと錯覚する。

　計算及び記録等に誤りがあった場合は、その訂正をもって、改善が実現したと錯覚する。

　責任者が申請書及び報告書に押印するということは、①その内容を点検して問題がないと確認した（管理監督業務を遂行した）こと及び②問題が発生した場合は自分が責任を取ると表明することである。

　責任者の承認印がないということは、①責任者が部下の業務の管理監督業務（日常的モニタリング）を遂行していないこと及び②部下が社内規程に違反していることを意味する。

承認は事前に取得するべきもので、事後承認は、部下の違反行為の追認となるだけでなく、責任者の任務怠慢の隠蔽となる。

　以上の不備は、内部監査の基本を理解していないことに起因します。
　監査マニュアルに記載された業務手順通りにチェック・リストに記載された項目の点検をしても、内部監査を実施したことにはなりません。
　チェック・リスト上の記載項目を点検する内部検査は、いわば複数の異なる人間の血液、尿、便等の検査又は特定部分を断層撮影した写真による検査の類であり、業務のプロセスを追った点検ではないので、それだけでは何度行なっても監査となりません。
　金融庁が公表した検査マニュアルを使用しても、監査を実施したことにはなりませんが、このことをもってチェック・リストを使用した検査手法を否定するものではありません。

　重大な事業リスクを伴なわない社内組織（銀行、保険会社、証券会社等の支店）及び店舗販売を基本とする会社等（量販店、小売店、ガス・ステーション、販売所、飲食店等）の場合は内部検査で十分です。
　本部又は本社における重大な事業リスクを伴なう業務及び支店等への指示の適切性については内部監査の手続を適用し、支店における業務の大部分については内部検査の手続を適用しますが、チェック・リストを使用した点検の目的は事業活動における異常性を感知することにあり、本格的な検証を行なうための端緒に過ぎません。

2　内部監査の実効を上げられない主因

　内部監査の実効を上げられない主因として、以下の6つがあります。

[1]　内部監査の目的を理解していない

　内部監査の目的を理解していないので、何をどのようにすればよいかがわからない。

[2]　限られた時間を有効に使っていない

　監査実施手順書を使っていないから（合理的な往査の段取を組んでいないから）、時間を有効に使えず、尻切れトンボで終わる。

[3]　監査先に特有のリスクを探索しない

　監査先に特有のリスクを探索しないので、その経営に痛手を与える重大なリスクの現実化を予防する監査意見を提供できない。

[4]　枝葉末節しか見ない

　得意なところ、興味のあるところ、容易なところ、枝葉末節を調査する。重要でないところばかりほじくるので、重要なリスクの存在を見落し、重箱の隅を突くと揶揄される。

[5]　一般的な事項しか点検しない

　チェック・リストに記載された事項、回収遅延の有無、滞留在庫の有無、承認印の有無、重要書類の保管状況程度しか点検しないので、監査先の経営管理に役立つ監査意見を形成できない。

[6]　監査意見を簡潔明瞭に伝達できない

　助詞の遣い方（て、に、を、は）及び言葉遣い等の文章能力に難があり、意図した事項を簡潔明瞭に伝達できないため、監査意見を受け入れて貰えず、内部監査の実効を上げることができない。

第 6 章

実効を上げる内部監査とは

　自社及び企業集団各社の継続企業としての存続能力の確保に貢献する現代の実践的内部監査の実効とは、各社の経営目標の達成を支援するという監査目的に適った内部監査を実施して、提言事項を監査先組織に実現させることである。
　実効を上げる有効な個別内部監査を実施するために不可欠の基本的要素は、以下の3つである。
- 内部監査人としての心構えの保持
- 内部監査の基本的手続と要領の理解
- 内部監査の目的に適う監査の実施

 # 実効を上げる内部監査の基本的要素

　内部監査とは、監査先が与えられた任務を法令及び社内規程等に準拠して適正に実施しているか、業務目標を達成しているか、目標の達成を妨げたり会社の信用を損ねたりする異常な事態が潜在していないか等を重点的に検証し、発見した異常な事態の抜本的解消、業務目標の達成、業務の継続、組織の存続等に有効な施策を監査先の責任者に提供するとともに、監査結果の概要及び監査意見を最高経営執行者等に報告をする業務です。

　内部監査の実効とは、経営目標の達成と事業目的の実現を支援するという内部監査の目的に適合した個別監査を実施して、監査先に提供した監査意見が実現することであり、それは、監査先の損失の予防、収益の拡大、資産の保全等の業務目標の達成、組織の存続、その積重ねによる健全かつ継続的発展に貢献する指摘及び提言を行ない、監査先がそれを積極的に実現することによってもたらされます。
　因って、監査人は、事業目的の実現を支援するという監査目的を実現するのに有効な監査を実施して有益な助言を提供する必要があります。

　そのためには、以下の監査手続を実施しなければなりません。

　①　予備調査を網羅的に実施して、有益な監査意見を形成するのに適切な監査要点を設定する。

② 実地監査で監査要点を重点的に検証して異常な事態を識別し、それをもたらした原因を究明する。

③ 異常な事態の原因及び実情を指摘し、その抜本的解消に有効な施策を提言する。

監査要点とは、監査意見の対象となる異常な事態を的確かつ効率的に識別するために重点的に検証する事項（監査の狙い所）です。

異常な事態の改善策を提言するだけでは再発防止に役立たないので、その抜本的解消に有効な施策を提言することが肝要です。そのためには、異常な事態をもたらした根本原因の究明が必要です。根本原因とは主因であり、従因と取り違えることのないよう注意しなければなりません。

実効を上げる内部監査を実施するための要件は、その解説の方法及び纏め方によって数が異なります。内部監査の基本的手続を解説する前に内部監査の実効を上げるための要件を述べても理解できるものではないので、先ず有効な個別内部監査を実施するために不可欠の基本的要素を解説します。

実効を上げる内部監査を実現するために不可欠の基本的要素は、次の3つです。

① 内部監査人としての心構えの保持
② 内部監査の基本的手続と要領の理解
③ 監査リスク・ベースの監査の実施

1　内部監査人としての心構えの保持

　実効を上げる内部監査を実現するための基本的要素の第1点は、内部監査人としての以下の心構えを保持して臨むことです。

(1)　自分の頭で考え、経営者の観点で、内部監査を実施する

　監査マニュアルに頼るのでなく、知恵を活用して自分で考えながら、経営者の観点で、内部監査を実施します。
　知恵の活用とは、事実として認識されていることであっても鵜呑みにせず、論理的思考を巡らして、事実かどうかを点検、分析、照合、比較して、確認及び評価することです。直感に頼ると事実を見誤ります。
　ある事象について、適切であるかどうか、違反していないかどうかを検討するときは、その事象に関係する法律、規則、社内規程、基準等の条文を探し出して、それらが、何を目的に作られ、何をどのように規定しているのかという観点で読み、知恵を活かして、その事象が関係する規定に適合しているかどうかを判断すればよいのです。
　経営者の観点でとは、些事ではなく、重要な事項について、部分最適ではなく、全体最適の観点で、物事を評価及び判断することです。

(2)　正当な注意を払い、懐疑心を保持して監査を行ない、監査リスクを排除する

　専門職である監査人としての正当な注意を払い、懐疑心を保持して、内部監査を実施します。

つまり、何故なのか、本当にこれでよいのか、何かがおかしいのではないかという純粋な疑問の姿勢で内部監査を行なうということです。

　具体的には、監査先の業務等の監査対象の実情が理に適っているか（道理、法則、原理に適っているか）どうかの観点で検証して、事実を確認することです。

　正当な注意を払い、懐疑心を保持して検証しないと、異常な事態及び重要な事実を看過する、思込によって事実を誤認する等の監査リスクを惹起します。

　監査リスクとビジネス・リスクは、全く異質の概念です。純粋な心で疑う懐疑心と嫉妬によって疑う猜疑心も、異なる概念ですから、誤解をしないで下さい。

(3) 表層及び形式に惑わされずに事実を見抜く感性を養う

　物事の一点、一部、表面だけを漫然と見ていると、その本質、真実、実体、実態を見抜くことができません。

　物事を立体的（一面だけではなく角度を変えて多面的）に見るように心掛けると、真偽の判別や実態の識別ができるようになります。

　業績については、1つの時点で視るのではなく、最低限3つの時点を比較して見る（趨勢分析を活用する）ことです。

　以上を要約すると、次の通りです。

① 物事を、思考を凝らしながら、広く、深く、かつ多面的に見る。
② 物事の外見ではなく、実質を見抜き、実体及び実態を見極める。
③ 物事を分析と比較により、動的に見て、趨勢、傾向を把握する。

内部監査で大切なことは、注意を十分に払い、懐疑心を持ち、表層や形式に惑わされず、物事の根幹の概念を理解するように心掛け、兎ではなく亀のように地道に検証し、物事の本質、真実、実体、実態を見抜くことです。

(4)　内部監査の目的に適合した個別監査の目標を設定して実行する

　何を目標に個別監査を実施するのか又は個別監査で何を実現したいのかを明確に認識し、監査業務の優先順位を付け、目標に適う合理的監査実施計画を立案し、合理的監査手続を選択して適用することです。
　監査先の業務目標の達成、業務の継続、組織の存続等を支援する監査目的（＝内部監査組織の目的）に適合した監査目標（＝個別監査を担当する監査人としての目標）を設定して、その達成に努めます。
　監査先の損失の予防、収益の拡大、資産の保全等の業務目標の達成、業務の継続、組織の存続等に貢献する監査意見を提供する監査、監査先組織の責任者がそれを積極的に実現するように仕向ける監査を実施するように心掛けます。

(5)　何事も客観的に検証する

　客観的に検証するとは、個人の主観を捨て、第三者の立場で、物事の真偽又は仮説の当否について調べ、証拠によって証明することです。
　あの人がやっているのだから間違いはなかろうとか、うまくいく筈がない等の偏見を持って臨むのは禁物です。
　監査先の組織及び所属員に対する同情、偏見、嫉妬、憤慨等の感情を抑えて、監査対象を沈着冷静に検証します。

(6) 異常な事態を発見したときは、その監査証拠を必ず入手する

　内部監査の基本は、異常な事態の発見、原因の究明、原因及び実情の指摘、異常な事態の抜本的解消に有効な施策の提言です。指摘及び提言（監査意見）の正当性及び客観性を立証する資料を監査証拠と言います。

　監査証拠を確保していなければ、監査人の主観である、見解の相違である等の強弁で監査意見を無視されてしまいますから、その正当性及び客観性を立証する証拠力が十分にあるかどうかを必ず点検します。

(7) 監査意見を十分に点検及び検討して、事実誤認及び論理的矛盾又は弱点がないことを確認する

　これは、監査意見に論理的矛盾はないか、監査証拠は十分であるかという点検、検討、確認です。異常な事態の見落し及び事実誤認は、監査リスクの現実化であり、内部監査組織の信用を損ねます。

　事実誤認はないか、監査意見に論理矛盾や弱点はないか、監査意見が机上の空論、理想論として退けられはしないか、十分な監査証拠を入手しているか、等の観点で入念に点検します。

　監査人だけでなく、監査組織の責任者及び上位者による、監査証拠の立証力の確認による、監査意見の検討も必要不可欠です。

(8) 確認した事実と監査意見を、正確にかつ簡潔明瞭に伝達する

　内部監査とは、経営者の観点で業務の適正性及び有効性等を確かめ、それを基に形成した監査意見を監査先責任者に伝達するとともに、その概要を最高経営執行者等に報告する業務です。

監査意見は、多ければよいというものではありません。重要なものに限定し、項目別かつ重要性の順番に整理して、簡潔明瞭に記載します。
　自分が混同したり、相手を混同させたりしないよう、確認した事実と監査意見を明確に区別して、事実を正確に伝達するよう留意します。
　形成した監査意見と監査証拠の突合により、その正当性及び客観性を吟味して監査リスク（異常な事態の看過及び事実誤認）を合理的に低い水準に抑えなければなりません。

2　内部監査の基本的手続と要領の理解

　実効を上げる内部監査を実現するための基本的要素の第2点は、内部監査の基本的手続及びその要領を理解しかつ経営者の懸念事項を合理的（効果的、経済的、効率的）に検証することです。
　内部監査の基本的手続については、Ⅴ～Ⅵで詳説します。

3　監査リスク・ベースの監査の実施

　実効を上げる内部監査を実現するための基本的要素の第3点は、監査リスク・ベースの手法による内部監査の実施です。
　これは、財務報告に係る内部統制の評価及びリスク・マネジメントにおけるリスクの評価で言う「ビジネス・リスクへのアプローチ（接近、着眼、対処等）」とは意味の全く異なる概念です。
　監査リスク・ベースの内部監査とは、監査資源（人、時間、費用）の有効配分により、指摘及び提言すべき異常な事態を効果的かつ効率的に発見して監査リスクを低い水準に抑える、合理的監査の手法です。

監査リスク・ベースの監査

1 有効な内部監査とは

　有効な内部監査とは、事業目的の実現を支援するという、内部監査の目的に適合する監査を実施することです。そのためには、監査先の業務目標の達成、業務の継続、組織の存続等という監査目的に適合した監査目標を立てなければなりません。

　監査目標を達成するためには、監査先の業務目標の達成、業務の継続、組織の存続等を阻害する重大なリスクを発見するのに適切な監査要点を設定しなければなりません。

　適切な監査要点を的確かつ効率的に設定するために不可欠のものが、監査リスク・ベースの監査手法です。

2 監査リスク・ベースの監査とは

　監査リスク・ベースの監査は、1980年代に、米国の公認会計士により、精査から試査に移行した財務諸表監査において監査リスク（重要な誤謬及び虚偽の表示を看過するリスク）を低い水準に抑えることを目的に、分析的手続とともに開発された監査手法です。

　米国において監査リスク・ベース・アプローチの監査又は監査リスク・ベースの監査と呼ばれていたものが、日本には単にリスク・アプローチの監査として紹介されました。

このために、「リスクの高い監査先を優先して頻繁に監査する手法が監査リスク・ベースの監査である」として、潜在リスク＝固有リスクにアプローチするリスク・マネジメント手法と混同している解説があちらこちらで見受けられますが、そのようなものではありません。

　監査の分野で言う「アプローチ」は、リスクに接近する又はリスクを取り上げるという意味でなく、監査リスクを合理的に低い水準に抑えることを目的とする、監査の取組手法という意味です。

　最近はリスク・ベースの監査という用語も使用されていますが、その殆どが「ビジネス・リスクにアプローチする監査」を意味しているので、従来の「リスク・アプローチの監査」との違いが見られません。

　監査リスク・ベースの「アプローチ」を接近及び着目として捉えるとしても、リスク・マネジメントの対象が潜在リスク（＝固有リスク）であるのに対して、監査の対象は固有リスクにコントロール（＝対応）を実施しても残る（コントロールの効かない）統制リスク（＝残余リスク）ですから、両者の対象と手続に大きな違いがあります。

　分析的手続の活用による監査リスク・ベースの監査手法が採用される前の米国における財務諸表監査は、画一的サンプル・テスト（試査）を主体とするものでした。

　日本における財務諸表監査の手法も、総ての拠点を廻り、総ての監査対象及び監査項目を網羅的かつ画一的に点検するものであり、異常点の発見は、監査人の経験及び勘に依存するものでした。

　その結果、粉飾された財務諸表について、粉飾の事実を看過して適正意見を表明し、損害賠償を求められる事態が発生しました。

 監査リスク・ベースの監査手法

1　監査リスク・ベースの監査手法とは

　監査リスク・ベースの監査手法は、監査リスクを合理的に低い水準に抑えることを目的に、監査人、時間、費用の監査資源を有効に配分する監査計画の作成並びに監査の範囲及び深度に濃淡を付けた検証による、効果的かつ効率的監査の実施方法です。

　具体的には、予備調査において重要な事実（外部監査の場合：重要な誤謬及び虚偽の表示、内部監査の場合：異常な事態）を看過又は誤認をする監査リスクが高いと判断した事項及び領域を絞り込み、実地監査において濃密（重点的）に検証し、監査リスクが低いと判断した事項及び領域を淡白（簡略的）に検証する、合理的な濃淡監査の手法です。

　要するに、予備調査において内部統制という監査先の自浄機能で発見及び是正できない統制リスクの高い領域及び事項を特定し、実地監査においてその部分を重点的に検証する監査手法です。

2　監査リスクの構成要素

　監査リスクの概念は、監査目的の違いにより外部監査と内部監査では異なるので、外部監査と内部監査に分けて詳しく解説します。

　監査の世界では、監査リスク・ベースの監査の概念を説明する際に、以下の恒等式を使用します。

固有リスク(IR)－内部統制(IC)＝統制リスク(CR)
統制リスク(CR)－監査(A)＝発見リスク(DR)
∴　固有リスク－内部統制－監査＝発見リスク
固有リスク×統制リスク×発見リスク＝監査リスク

　この恒等式は、観念的な表示であり、具体的な数字を当てはめて計算するものではありません。
　監査リスクが固有リスク、統制リスク、発見リスクの３つの組合せで構成されていることを理解すれば、それで十分です。

3　財務諸表監査の監査リスクとその構成要素

　財務諸表監査における**監査リスク**とは、財務諸表が適正に表示されていないのに監査人がそれを看過して「適正に表示されている」と誤った監査意見を表明することです。
　財務諸表が適正に表示されていても監査人の事実誤認により「適正に表示されていない」という監査意見が表明される可能性もありますが、事実の看過だけでなく誤認も監査リスクであるとすると、監査人は監査意見の表明を躊躇してしまいます。

　財務諸表監査の目的は、経営破綻した会社の不適正な（粉飾された）財務諸表を信用して株式を購入した投資家が、会社の上場廃止や倒産によって損失をこうむることのないよう、保護することにあります。
　そのために、監査基準は、「財務諸表が適正に表示されていないのに、監査人がそれを看過して、適正に表示されているという監査意見を表明すること」だけを監査リスクと規定しています。

固有リスクとは、被監査会社に内部統制が存在していないとの仮定の上で、財務諸表に重要な虚偽の表示が為される可能性です。

　内部統制とは、財務諸表の重要な虚偽表示を防止又は適時に発見して是正する体制（システム）と態勢（プロセス）です。

　統制リスクとは、財務諸表の重要な虚偽表示が企業の内部統制により防止又は適時に発見されない可能性です。

　発見リスクとは、企業の内部統制により発見されなかった財務諸表の重要な虚偽表示が監査を実施しても発見されない可能性です。

4　内部監査の監査リスクとその構成要素

　内部監査における**監査リスク**とは、重大な損失の要因が存在しているのにこれを看過して指摘しないこと、及び重大な損失の要因が存在していないのに存在していると勘違いして指摘することです。

　固有リスクとは、契約、誤謬（ごびゅう）、懈怠（けたい）、不正等により組織や業務に既に発生し、存在している、損失の要因を持っているリスクです。

　誤謬とは誤り（ミスやエラー）のことです。

　懈怠とは怠慢（ネグリジェンス）のことです。

　内部統制とは、誤謬及び不正を予防する、又は発見して是正（浄化、正常化）する、予防、発見、是正という、3つの自浄機能から成る体制（システム）と態勢（プロセス）です。「内部統制」とは、「外部による統制」ではなく「内部における統制」＝「自浄」を意味します。

　統制リスクとは、内部統制の体制及び態勢の不備によって重大な損失原因を見逃し、是正できないリスクです。

　発見リスクとは、内部監査の体制及び態勢の不備によって重大な損失原因を見逃し、指摘及び提言できないリスクです。

5　財務諸表監査の監査リスクの概念図

　財務諸表監査における「固有リスク－内部統制＝統制リスク」という恒等式は、図表12のように図示して説明されます。

図表12：財務諸表監査における監査リスクの構成要素

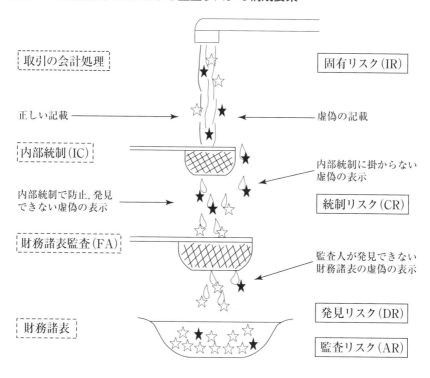

出所：*Auditing Procedures Study, in "Audits of Small Business"*, AICPA, New York, 1985, p.44を基に筆者が作成。

6　内部監査の監査リスクの概念図

　同一の恒等式を利用して、内部監査における監査リスクとそれを構成する3つのリスクを図示すると、図表13のようになります。

図表13：内部監査における監査リスクの構成要素

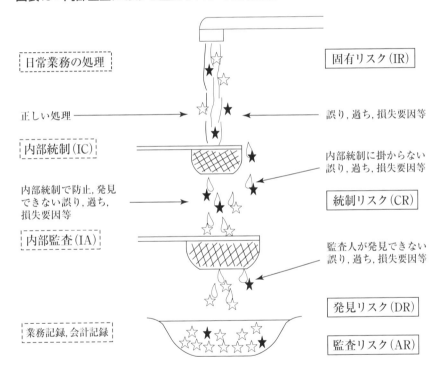

出所：*Auditing Procedures Study, in "Audits of Small Business"*, AICPA, New York, 1985, p.44を基に筆者が作成。

7　監査リスク・ベースの監査の論理

監査リスク・ベースの監査の論理は、以下の通りです。

① 　監査リスク（適切な監査意見を陳述できないリスク）を低い水準に抑えるためには、発見リスクを低い水準に抑えなければならない。

② 　発見リスクを低い水準に抑えるためには、統制リスクを低い水準に抑えなければならない。

③ 　統制リスクを低い水準に抑えるためには、強力な内部統制が必要であるが、監査人にとって所与の（操作できない）ものである。

④ 　固有リスクが低ければ内部統制が弱くても統制リスクを低い水準に抑えることができるが、監査人にとって所与のものである。

⑤ 　因って、監査で重点的に検証すべき監査対象は、外部監査では虚偽表示を看過する統制リスクが高い固有リスク、内部監査では事業体に金銭的・名声的打撃を与える統制リスクが高い固有リスクである。

⑥ 　要するに、監査リスク・ベースの監査は、監査資源（人員・時間・情報・費用）を有効に配分し、統制リスクが高い固有リスクについて重点的に検証し、統制リスクが低い固有リスクについて簡略的に検証することによって、監査リスクを合理的に低い水準に抑える効果的・効率的監査の手法である。

監査リスク・ベースの内部監査の基本は、①予備調査を網羅的に実施して統制リスクが高いと判断した領域及び事項を絞り込んで監査要点として設定し、実地監査において重点的に検証すること、②そのために、予備調査において固有リスクの程度及び内部統制の有効性を適切に評価することです。

因みに、財務諸表監査においては、①固有リスクと統制リスクを結合した「重要な虚偽表示のリスク」の評価、②「財務諸表全体」と「財務諸表項目」の2つのレベルにおける評価という手法を採り、「事業上のリスク等を重視したリスク・アプローチ」と呼んでいます。

前述した監査リスク・ベースの監査の論理をビジュアル的に（数式に大小の差を付けて）解説すると、以下の通りです。

(1) 重点的検証を必要とする領域及び事象

① $\mathbf{IR} - \mathrm{IC} = \mathbf{CR} \quad \mathbf{CR} - \mathrm{IA} = \mathrm{DR}$

内部統制（IC）が弱の場合は、統制リスク（CR）が高いので、重点的検証により発見リスクを低く抑える必要がある。

② $\mathbf{IR} - \mathrm{IC} = \mathrm{CR} \quad \mathrm{CR} - \mathrm{IA} = \mathrm{DR}$

③ $\mathbf{IR} - \mathrm{IC} = \mathbf{CR} \quad \mathrm{CR} - \mathrm{IA} = \mathrm{DR}$

上記の②と③については、③の方が②よりも統制リスク（CR）が高いので、③の方を優先して重点的に検証する。

(2) 簡略的検証で十分な領域及び事象

④ $IR - IC = CR \quad CR - IA = DR$

　上記③のように元々固有リスク（IR）が低の場合は、内部統制（IC）が弱であっても予防、発見、是正できない統制リスク（内部統制が効かないリスク：CR）が低くなるので、簡略的検証により発見リスク（DR）を低く抑えることが可能となる。

　つまり、統制リスクが低い場合は、発見リスクを高い水準においても監査リスクは高くならないので、監査の実施範囲とサンプルの抽出件数の縮小、簡便な監査手続の選択、投入する監査人数の節減、監査の実施時期の分散等が可能となる。

　これは、手抜の監査を実施しても構わないという意味ではなく、監査リスクが一定の水準に収まる場合には、監査手続と実施方法の選択肢が増えるという意味である。

監査リスク・ベースの監査は、固有リスクが現実化する可能性とその影響度に応じて監査サイクルを調整するものではありません。
　リスク・アプローチの監査を掲げても、検査に終始する監査及び体裁だけの監査では、内部監査の実効は上がりません。

　内部監査の監査要点とは、監査リスク・ベースの手法で重点的に検証するために設定するものです。監査リスク・ベースの監査と称しても、監査要点を設定しなければ、羊頭狗肉の紛い物となります。
　実効を上げる有効な内部監査を実施するためには、監査組織責任者による監査計画の作成と監査人による個別内部監査の実施の両方で、監査リスク・ベースの手法を活用する必要があります。

8 監査リスクをもたらす原因

監査リスクは、監査計画の策定と監査の実施の両方で発生します。

(1) 監査戦略上の誤り

監査戦略上の誤りとは、監査組織の責任者等による監査計画作成上の誤りであり、以下に起因します。

① 難易度及び監査リスクが高い監査を実施する際の実務経験が浅く監査技能の劣る監査人等の任命
② 時間的に無理がある監査期間の設定
③ 不適当な監査実施時期の設定
④ 不適当又は不十分な指導

(2) 監査手続上の誤り

監査手続上の誤りとは、個別監査の監査責任者及び担当者による監査実施上の誤りであり、以下に起因します。

① 不十分な予備調査
② 実地監査における短絡的な思込、勘違い、誤謬、手抜、懈怠
③ 不十分な証拠収集
④ 不合理な論理構成による監査意見の形成

リスク・アプローチの監査を掲げていながら、包括的監査ではなく、テーマ監査を実施するのは、矛盾する行為です。

　テーマ監査を実施すると、監査対象から外された領域に潜在している異常な事態を発見できない、**監査リスク**を抱えてしまいます。

　複数部門が関連している金融機関、保険会社、証券会社、製薬会社の場合はテーマ監査が効率的とは思いますが、上記の監査リスクをはらむので、部門別監査を併用する等の補完措置を講じる必要があります。

column 5

Whisky、Whiskey、Bourbon、Disney

　スコッチ・ウィスキーはScotch whiskyと表記され、アイリッシュ・ウィスキーはIrish whiskeyと表記される。バーボン・ウィスキーは、その生産者がスコットランドからの移民であったかアイルランドからの移民であったかにより、whiskyであったりwhiskeyであったりする。日本製は、竹鶴政孝がスコットランドに倣ったので、whiskyである。

　バーボン・ウィスキーのバーボンは、フランスのブルボン家の名称に由来している。Thomas Jeffersonが、独立戦争で支援してくれたことに感謝して、ケンタッキー州の一部をバーボン郡（Bourbon County）と名付け、当地で生産されたウィスキーをBourbon Whiskey／Bourbon Whiskyと表記したのがその始まりである。

　Walt Disneyの曽祖父Arundel Elias Disneyは、アイルランドからの移民で、姓の「ディズニー」はフランスのカルヴァドス（Calvados）県イズニー（Isigny-sur-Mer）に由来している。

　曽祖父は、フランス語のd'Isigny（ディズニー：イズニーの出身）という姓でアイルランドに移住し、その後米国のリンカンシャー都に移住したときに、これを英語化してDisneyに変えたと伝えられている。

 監査リスク・ベースの監査手法の活用

内部監査の実効を上げるためには、監査リスク・ベースの監査手法で監査計画を策定しかつ適切な監査要点の設定による実地監査を実施しなければなりません。

1 監査リスク・ベースの監査計画の作成

内部監査の実効を上げるためには、監査リスク・ベースの監査手法で監査計画を作成しなければなりません。

監査組織責任者は、以下の要領で、内部監査計画を作成します。

① 総ての監査先組織の重要度、固有リスク、業務内容等を勘案して個別監査の難易度の順位付けを実施して、難易度及び監査リスクの高い個別監査を熟練の監査人に割り当てる。

② 自社の組織及びその監督下にある子会社について、同一年度に統合的監査を実施する。

③ 統合的監査においては、その監査実施責任者を同一人に固定し、個別監査の有効性及び効率性を高める。

2　監査リスク・ベースの個別監査の実施

監査人は、以下の要領で、個別監査を実施します。

① 予備調査において、金銭的及び名声的打撃を与える可能性の高い固有リスク（潜在しているビジネス・リスク）を探索及び把握する。

② 重大な固有リスクに対する内部統制の有効性を評価して、統制リスク（内部統制が効かずに放置されている固有リスク）の程度を把握する。

③ 重大な固有リスク、その内部統制の有効性、統制リスクの程度を評価して、発見リスク（監査で看過するリスク）の水準を推定する。

④ 統制リスクが高いと判断した重大な固有リスク（監査対象）について監査要点を設定し（ネガティブな仮説に纏め）、発見リスクを合理的に低い水準に抑えるための監査手続を組み立てて、実地監査で実施すべき監査技術及び監査手続、実地監査の実施の場所、範囲、時期、面談者を勘案して、監査実施手順書（監査プログラム）及び監査予備調書を作成する。

⑤ 実地監査において、監査要点（予備調査で纏めた仮説）の当否を重点的に検証し、その当否を立証する監査証拠を入手する。

⑥ 実地監査における検証の結果及び監査証拠を基に監査意見（指摘及び提言）を形成して、監査先及び経営者等に監査結果を通知する。

指摘及び提言すべき異常な事態を効率的かつ的確に識別及び検証する手段が、監査リスク・ベースの手法を活用した**監査要点**の設定です。

換言すると、重点的に検証すべき事項及び領域を監査要点として設定することにより、監査リスク・ベースの内部監査の実施が可能になるということです。

3　適切な監査要点設定の重要性

自社及び企業集団各社の健全かつ継続的発展という事業目的の実現を支援する実効のある実践的内部監査を実施するためには、異常な事態を発見するのに適切な監査要点を設定しなければなりません。

監査要点とは、個別監査を実施する監査人が監査目標を達成する監査意見の形成の基となる、監査先組織の病気又はその原因の発見に有効な監査を実施する上での要点（監査の狙い所）です。

外部監査の監査目標は財務諸表上の重要な誤謬及び虚偽の表示の発見であるから、実在性、網羅性、権利と義務の帰属、評価の妥当性、期間配分の適切性、表示の妥当性を監査要点としています。

内部監査の監査目標は業務上の異常な事態の発見及び抜本的解消に有効な意見の表明であるから定型的監査要点は存在しないので、網羅的予備調査の実施によって適切な監査要点を設定します。

有効な監査意見に直結する適切な監査要点を的確に設定するためには、監査先の組織、業務、内部統制の有効性について予備調査を網羅的かつ十分に実施して重要な統制リスクを識別する必要があります。

その理由は、監査先の組織及び業務毎に、その組織及び業務に特有のリスクが潜在しており、設定すべき監査要点が組織及び業務の種類毎に異なるからです。

監査要点については、監査先の組織の責任者及び所属員が任務を適正（適切かつ適法）に遂行しているか、監査先の収益が十分かつ継続的に確保される状態にあるか、監査先の主要業務及び組織自体の存続が確保される状態にあるか、内部統制の体制及び態勢（特に、態勢）が有効に機能しているかどうかという観点で設定します。

＊業務遂行の法律、規則、定款、社内規程、基準、手続等への適合性
- 業務の法律、規則、社内規程、基準、手続等への適合性

＊遂行業務の適正性
- 業務の有効性、記録・報告の適時性、正確性、契約書・記録等の保存の安全性、十分性等

＊事業の健全性
- 棚卸資産の回転状況
- 販売代金及び貸金の回収状況
- 固定資産の稼働状況

＊事業の継続性・成長性
- 事業収益の十分性及び継続性

＊組織自体の継続性
- 人員の確保及び養成の十分性、継続性
  - 年齢構成
  - 特殊技能者及び有資格者
  - 定着率

＊内部統制の体制・態勢の有効性
- 組織の分割の適切性
- 社内規程等の適切性
- 業務分担の有効性
- 権限付与の有効性
- 権限行使の有効性
- 二重点検（内部牽制）の有効性
- 関連情報の照合の有効性
- 記録と現物の照合の有効性
- 資産の保全の有効性
- 日常的モニタリングの有効性等

　上掲の内部統制の体制及び態勢の有効性は、＊を付したその他の項目と並列の関係にあるのでなく、＊を付したその他の項目の点検に使用するものです。下図では、上面に「内部統制の体制及び態勢の有効性」とだけ表示しますが、「組織の分割の適切性から日常のモニタリングの有効性等」までの点検項目であると考えて下さい。

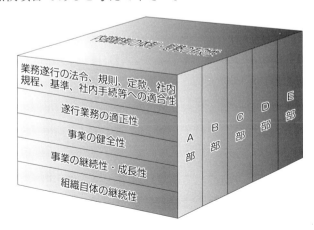

主要部署の監査要点を例示すると、以下の通りです。

(1) 購買部署
- 良質かつ安価な原材料、部材、部品、コンポーネント、製品等を安定的に調達しているか
- 同質かつ等価の原材料、部材、部品、コンポーネント、製品等の購買先を複数確保しているか

(2) 生産部署
- 良質の商品を安定的に生産しているか
- 計画通りの期間に計画通りの数量を生産しているか

(3) 販売部署
- 販売及び利益を安定的に拡大しているか
- 主要利益の源泉を長期的に確保しているか

(4) 管理部署
- 牽制、発見、指摘等の業務を適切に遂行しているか
- 助言、指導、支援等の業務を適時かつ適切に遂行しているか

(5) 社内サービス提供部署(総務、人事、業務、法務、審査、主計、経理、財務、情報システム、環境保全、保安等)
- サービス、助言、指導、支援等の業務を適時かつ適切に遂行しているか
- サービスを受ける部署の満足を得ているか

 # 内部監査の基本的手続の概要

1 基本的手続は3段階

現代の実践的内部監査の基本的手続は、次の3段階に区分されます。

(1) 予備調査の業務

[1] 予備調査の実施
[1-1] 監査目標の設定
[1-2] 監査要点の設定
[1-3] 監査範囲及び監査項目の設定
[2] 監査実施手順書の作成
[3] 監査予備調書の作成=予備調査の終了

(2) 本格監査の業務

[4] 実地監査の実施
[4-1] 監査要点の検証
[4-2] 監査証拠の入手
[4-3] 暫定的監査意見の形成

[5] 監査調書の作成=本格監査の終了

(3) 意見表明の業務

[6] 監査結果の通知及び報告
[6-1] 監査結果通知書の作成
[6-2] 監査報告書の作成＝意見表明の終了
[6-3] 回答書の入手及び検討
[6-4] フォロー・アップの実施＝個別内部監査の終了

　内部監査業務は監査先が監査意見を実現したことを確認するまで継続しなければならないので、監査先からの回答書の入手、記載事項（対応措置）の適切性の検討、対応措置の実施又は実現を確認するためのフォロー・アップを意見表明の段階に付け加えました。

2　実践的内部監査の基本的手続

(1) 予備調査の業務

　予備調査の業務は、実地監査の効率的かつ効果的実施のために行なう事前準備としての調査であり、関連書類の閲覧に始まり監査予備調書の完成をもって終了します。
　監査人が実地に赴かず、自分の机の上で監査先等から入手した書類を調査するので、机上調査又は書面調査とも言います。
　実効を上げる有益な監査意見を提供できるかどうかは、指摘及び提言すべき異常な事態の発見に繋がる糸口を予備調査において識別できるかどうかに掛かっており、内部監査の成否（実効を上げ得るかどうか）は予備調査のでき次第であると言っても過言ではありません。

(2) 本格監査の業務

　本格監査の業務は、実地監査に始まり、監査調書の完成をもって終了します。
　実地監査とは、監査人が監査先に赴いて、実地で実施する監査です。実地監査は、机上監査に相対する用語であり、現場監査とも言います。
　実地監査を実査と略称するのは誤りです。実査は、監査技術の一種である実物検査の略称です。短く呼びたければ、往査（実地に赴いて監査すること）を使用すればよいでしょう。
　実地監査終了後も、実地監査で検証した事項及び発見した事項の確認及び監査証拠との照合、意見形成等の本格監査の業務は継続します。

(3) 意見表明の業務

　意見表明の業務は、監査先組織の責任者に送付する監査結果通知書の作成に始まり、最高経営執行者等に提出する監査報告書の提出をもって終了しますが、これで個別監査が終了するのではありません。
　内部監査の実効を上げるためには、監査結果通知書に記載して監査先責任者に提供した監査意見（異常な事態を抜本的に解消するのに有効な施策）が監査先組織によって実行に移され、実現して貰わなければなりません。
　そのために、監査先の責任者から監査意見に対する回答書を入手し、同書に記載された措置が適切に実施されたかどうかの点検（フォロー・アップ）を実施しなければなりません。
　フォロー・アップは、爾後の個別内部監査の合間に一時的に実施する点検であり、フォロー・アップ監査とはいいません。

3　3つの段階の留意事項

[1]　予備調査

　予備調査は、異常な事態の発見に繋がる監査対象、監査範囲、監査要点、監査項目等を絞り込むために実施するものであり、網羅的かつ遺漏のない予備調査が実効のある監査の成否を左右する。

[2]　本格監査

　実地監査は、予備調査を行なって絞り込んだ監査対象、監査範囲、監査要点、監査項目の検証及び監査証拠の確保のために実施するものであり、監査証拠（文書のコピー、写真等の裏付資料）の確保が監査意見の正当性及び客観性を左右する。

　実地監査後の本格監査は、反面調査、証拠固め、監査意見の形成のために実施するものであり、入手した監査証拠の証拠力の十分性及び形成した暫定的監査意見の合理性の検討が監査リスク抑制の可否を左右する。

[3]　意見表明

　意見表明に際しては、内部監査人は、暫定的監査意見と監査証拠の照合によって事実誤認がないかどうかの確認を行ない、監査リスクを合理的に低い水準に抑える。

　内部監査組織の責任者及び上位者は、監査証拠の証拠力の十分性、暫定的監査意見の正当性及び客観性の検討並びに添削を行ない、監査リスクを合理的に低い水準に抑えた監査意見を確定する。

4　内部監査における予備調査の重要性

　内部監査の成否は予備調査のでき次第であるとする根拠（内部監査における予備調査の重要性）については、刑事の業務と内部監査の業務を対比してみるとわかりやすいでしょう。

① **予備調査の業務が捜査に相当する。**

　　刑事は、地道な捜査によって犯人の潜伏場所を突き止める。不十分な捜査及び短絡的思込は、誤認逮捕のリスクを高める。

　　内部監査人は、予備調査を網羅的に遺漏なく行ない、実地監査に赴く前に、有効な意見表明に繋がる適切な監査要点を設定しておかなければならない。これが、犯人（指摘及び提言事項）の潜伏場所（監査対象）の特定に相当する。

② **実地監査の業務が犯人の逮捕及び証拠の確保に相当する。**

　　刑事は、被疑者を逮捕するとともに、犯罪を立証するのに十分な物的証拠を確保する。

　　内部監査人も、実地において、指摘及び提言すべき異常な事態の存在を確認するとともに、指摘及び提言（監査意見）の正当性及び客観性を立証するのに十分な裏付資料（監査証拠）を確保しておかなければならない。

③ **意見表明の業務が送検に相当する。**

　　刑事は、犯人を逮捕しても十分な証拠を確保していなければ立件できないので、送検の前に、証拠固めと証拠力の検討を遺漏なく行なう。

内部監査人も、監査意見の正当性を立証するために、意見表明の前に、監査意見を監査証拠と照合し、監査意見の正当性とその監査証拠の証拠力の十分性を慎重に検討しなければならない。

5　予備調査の目的と実施要領

(1)　予備調査の目的

予備調査の基本的目的は、監査先の組織及び業務の概要把握、重大なリスクの探索、内部統制の有効性の暫定評価による重要な統制リスクの絞込による、監査目標、監査要点、監査項目の設定、監査予備調書及び監査実施手順書の作成にあります。

(2)　予備調査の実施要領

[1]　事前的予備調査

事前的予備調査は、監査実施通知書及び資料送付依頼書を送付するため、以下の要領で実施します。

① 前回の監査調書及び直近の自己点検結果等の手持資料を基に事前的予備調査を行ない、監査先の概要（名称、所在地、責任者、設立目的、業種、業態、業績、内在している固有リスクの種類・程度、内部統制の有効性等）を暫定的に把握する。

② これらを基に、監査先の概要、予備調査、本格監査、意見表明の実施時期、留意事項等を記載した監査業務計画書を作成する。

③　担当監査人、監査範囲、監査実施期間、往査時期、資料の送付期限を記載した監査実施通知書及び本格的予備調査に必要な資料を列挙した資料送付依頼書を作成し、部長の捺印を得て、監査先責任者に送付する。

[2]　本格的予備調査

　本格的予備調査は、実地監査を効果的かつ効率的に実施するため、監査先等から入手した詳細資料を基に、以下の要領で実施します。

①　監査先等から入手した任務、権限、計画、予算、実績、契約、受渡、決済、限度、極度、申立、報告、会計帳簿等の記録及び関連書類の閲覧、財務諸表の数値の点検、加工、分析、突合、比較、評価、確認等により、組織、業務、内部統制の現状に対する疑問及び懸念を感知する。

②　組織、業務、内部統制の現状に対する疑問・懸念を感じた監査対象を更に掘り下げて調査し、監査先の業務計画の達成、業務の継続、組織の存続を阻害する要因を持つ固有リスクを特定する。内部統制の有効性を評価し、統制リスクと発見リスクを把握する。

(1)　業務に内在している可能性の高い異常な事態を想定し、その発生を予防、発見、是正できない統制リスクの程度（日常的モニタリングの有効性）を検討し、暫定評価する。

(2)　内部統制の不備によって固有リスクが現実化する可能性、現実化による損失の度合、内部統制の有効性を勘案し、通常の監査手続で看過する懸念のある発見リスクの水準を暫定的に把握する。

③　固有リスクと統制リスクを勘案して指摘及び提言すべき事項の心象を形成し、具体的監査目標として設定する。

　　資料の閲覧、数値の分析、突合、比較、趨勢分析、年齢調べ等を行なうと、異常な事態が発生しているのではないかとの疑問及び懸念が浮かんでくる。監査目標は、これらの疑問及び懸念を検証し、事実であればそれら異常な事態の抜本的解消に有効な施策を提言して実現させようとするものであり、監査先毎に異なる。

④　発見リスクの水準が高いと判断した監査対象を実地監査で重点的に検証する監査要点として設定する。

　⑴　監査目標の達成のために、監査先の何についてどのように検証するのかを明確に認識し、疑問を抱いた事項及び懸念した事項（監査先の組織及び業務に潜在している可能性が高いと推定した異常な事態）を重点的に検証すべき監査対象として絞り込む。

　⑵　事故、多額の損失、会社の信用低下をもたらす可能性が高い異常な事態がどのような状態にあるか、それらをそのままに放置するとどのようになるか等を想像して幾つかの具体的仮説を立て、これらを実地監査で重点的に検証する監査要点として設定する。

⑤　設定した監査要点（異常な事態に関する具体的な仮説）の当否を検証するための監査手続を選択する。

⑥　設定した監査要点を検証するための監査実施手順書を作成する。

 実践的内部監査の具体的手続

1　予備調査の業務

(1)　予備調査の実施

(1)　監査目標の設定

　監査目的とは内部監査組織が実現しようとする抽象的概念（会社の健全かつ継続的発展の支援等）です。

　監査目標とは内部監査人が個別監査で達成しようとする具体的事柄（異常な事態の抜本的解消を支援する監査意見の提供等）であり、監査対象を重要な統制リスクに絞りこんだ段階で設定します。

　監査人は、監査目標を設定することによって、個別監査で何を達成したいのかを明確に自覚するのです。

　監査の実施過程で遭遇する様々な事象に気を取られると、折角設定した監査目標を見失ってしまい、実効のある監査を実現できません。監査マニュアルに頼っていては、尚更困難となります。

(2)　監査要点の設定

　次に、（監査目標として設定した）異常な事態がどのような状態にあるか、それらを放置しておくとどのようになるか、既にこのようになっているのではないかという具合に想像を巡らせて幾つかの仮説を立て、それらを基に監査要点を設定します。

監査要点については、何を根拠に、どのような事態を懸念し、どのように検証し、どのような監査証拠をどのように入手し、どのような監査意見（指摘及び提言）を形成しようと考えているのか等を詳細に記載します。

(3) 監査範囲及び監査項目の設定

次に、監査要点として設定する必要はないが、予備調査で把握した監査先の業務の現状から判断して、実地監査で当然に検証する必要がある固有リスクが高く内部統制が弱い業務について、監査範囲及び／又は監査項目を設定します。

(2) 監査実施手順書の作成

以上の予備調査を基に、監査実施手順書（監査業務の手順を具体的かつ詳細に記載した計画書＝監査プログラム）を作成します。

監査実施手順書は、実施する監査手続の日程及び時間割等を詳細に纏めた予定表であり、監査手続の進捗状況の確認にも使用します。

予備調査の初期の段階では大まかな日程を組み、徐々に詳細に亙る時間割に仕上げていきます。

(3) 監査予備調書の作成＝予備調査の終了

監査先の組織及び業務等の概要、設定した監査目標及び監査要点、設定した理由、監査範囲及び／又は監査項目、往査の場所及び日程、監査費用の概算、監査実施手順書等の予備調査の結果を記載した監査予備調書を作成し、監査組織責任者の承認を得ます。

監査予備調書は、監査リスクを抑制する目的で監査組織責任者等が点検するために必要な文書であり、かつ監査人が正当な注意を払って予備調査を適切に実施したことを証明する重要な文書です。

　予備調査の業務は、監査予備調書に対する監査組織責任者の承認の取得をもって終了します。

2　本格監査の業務

(4)　実地監査の実施

　実地監査とは、監査人が監査先に赴き、実地で実施する監査です。

　実地監査は予備調査で設定した監査要点の当否の確認、予備調査で抱いた疑問及び懸念の解明等を目的に実施するものであり、監査先の組織及び業務の法令、規則、社内規程、基準等への適合性、有効性、妥当性、十分性、効率性、内部統制の体制及び態勢の有効性等の検討並びに異常な事態の有無の検証を重点的に行ないます。

　実地監査においては、監査先の組織及び業務の現状があるべき水準から下に乖離していないかどうか（＝異常な事態が存在していないかどうか）を検証し、下に乖離していれば、その程度を調べて、実情の指摘及び乖離を抜本的に解消するための施策を提言します。

(1)　**監査要点の検証**

　先ず、予備調査で設定した監査要点（仮説）の当否を重点的に検証します。

　監査要点を検証する方法は、仮説が事実であること又は事実でないことを裏付ける資料（監査証拠）を入手することです。

仮説が当たっていれば監査先の組織や業務に重大な異常事態が存在していることが証明されたことになります。仮説が外れていれば憂慮すべき事態は存在していないと考えます。

その後、予備調査で設定した監査範囲及び／又は監査項目について点検します。

(2)　監査証拠の入手

次に、実在を確認した異常な事態の指摘を含む監査意見の正当性を証明するために、その事実を裏付ける証拠資料を入手します。

監査要点に関連する資料であっても監査意見を証明する証拠能力を備えていなければ、監査証拠とはなりません。

仮説の当否の立証する監査証拠の入手手段が、監査技術です。

(3)　暫定的監査意見の形成

次に、実地監査で確認した事項と入手した監査証拠を基に監査先に内在している異常な事態及び内部統制の不備等の指摘並びにそれらの抜本的解消に有効な施策を検討して、暫定的監査意見を形成します。

懸念した異常な事態が存在していた（仮説が当たっていた）ときは、その事実を指摘し、抜本的解消に有効な施策を提言します。

指摘及び提言の可否は、その事実（異常な事態の実在）を証明する（仮説を証明する）監査証拠を入手したか否かによります。

＊仮説を肯定する監査証拠を入手したときは、指摘及び提言する。
＊仮説を否定する監査証拠を入手したときは、指摘及び提言しない。
＊仮説を肯定する監査証拠を入手できないときは、指摘及び提言しない。

(5) 監査調書の作成＝本格監査の終了

　監査組織の責任者及び上位者が、監査人から提出された暫定的監査意見を監査証拠と照合し、かつ全体最適のものかどうかを吟味して、監査意見を確定します。

　監査組織としての監査意見が確定した段階で、監査人が、予備調査及び実地監査の顛末並びに監査意見を監査調書に取り纏め、上位者の点検及び添削を受けて、完成します。

　監査の顛末については、予備調査でどのような事態に疑念を持ち、実地監査でどのように検証し、どのように判断して、どのような監査意見を形成したのか等を詳細に記載します。

　指摘及び提言しない事項も同様に記載します。この記載を怠ると、検証した事項であっても、していないと看做されてしまいます。

　監査調書は、監査リスクを抑制する目的で監査組織責任者等が点検するために必要な文書であり、かつ監査人が正当な注意を払って内部監査を適切に実施したことを証明する重要な文書です。

　本格監査の業務は、監査調書の提出をもって終了します。

　事実誤認に起因する誤った監査意見の表明又はその訂正及び撤回は重大な監査リスクの現実化ですから、監査人は、監査意見の正当性を立証する有力な証拠資料を入手して事実誤認がないかどうかを入念に検討し、監査リスクを低い水準に抑えなければなりません。

　監査組織責任者等は、監査概要報告書、監査調書、監査結果通知書、監査報告書等の点検及び添削を実施して、監査リスクを合理的に低い水準に抑えなければなりません。

3　意見表明の業務

(6)　監査結果の通知及び報告

　監査先責任者に監査の結果を通知し（監査結果通知書を送付し）、最高経営執行者にその要約を報告（監査報告書を提出）します。

　指摘及び提言は、提言に対する回答書の送付要請を含めて、監査先責任者に対して直接に行なうべきであり、監査報告書の写を送付するのは適当ではありません。

⑴　監査結果通知書の作成

　監査人が、当該個別監査の結果、監査意見、回答書の送付依頼等を監査結果通知書として取り纏め、監査組織責任者等の点検及び添削を受けて完成し、監査先責任者に送付します。

　監査結果通知書の表書で、監査意見への対処の方法及び時期を明記した回答書の提出を要請します。

　指摘及び提言については、重要な事項及び緊急対応が必要な事項に限定し、項目別に、重要性の順番で記載します。

⑵　監査報告書の作成＝意見表明の終了

　監査人が、監査結果の概要及び監査意見を監査報告書に取り纏め、監査部長等の承認を受けて、最高経営執行者に提出します。

　監査報告書は、実施した個別の内部監査の概要及び結果等について最高経営執行者に報告する文書であるから、正確性、客観性、簡潔性、明瞭性、品格性、適時性が求められます。

監査人は、監査結果通知書への記載事項の重要部分を凝縮要約し、経営に及ぼす影響の大きいものに絞り、重要性の高い順に取り纏めて記載します。

意見表明の業務は、監査報告書の提出をもって終了します。

(7) 回答書の入手及び検討

所定の時期（例えば、監査結果通知書の発送日から起算して 2 週間以内）に、監査先の責任者から監査意見（異常な事態の抜本的解消策）への対処の具体策及び期限を明記した回答書を入手して、記載内容の妥当性及び実現の可能性等を検討し、フォロー・アップの実施時期を設定します。

(8) フォロー・アップの実施

回答書に記載された異常な事態の解消策が監査先組織によって実施されかつ実現したかどうかを確認するために、記載された時期にそのフォロー・アップ（回答事項の履行状況の点検）を実施します。

検証結果については、フォロー・アップ報告書に記載して監査組織責任者等に提出します。

フォロー・アップとは、監査意見に対する回答事項を監査先が実現したかどうかを一定時点で確認する業務であり、監査先に回答事項を履行させるために追加的に実施するフォロー・アップ監査とは意味が異なります。

個別内部監査の業務は、フォロー・アップによる内部監査の実効の確認をもって終了します。

内部監査の実効を上げる監査意見

1　不適切な監査意見と適切な監査意見の対比

　内部監査の実効を上げる監査意見とは、実態を的確に識別し、金銭的及び評判的損失をもたらす可能性が高い異常な事態を漏らさず発見し、その抜本的解消に役立つ監査意見です。

　以下において、3つの設例で、それぞれ水準の異なる2種類の意見を例示しますから、両者の根本的相違を把握して下さい。
　3つの設例とは、監査調書への監査意見の記載を想定したものです。
　事象の記載内容は、個別監査において確認した事実です。
　監査意見1は、表層的形式的な点検と監査意見です。
　監査意見2は、実態と本質を的確に識別する点検と監査意見です。

設例1

事　象

　XYZ社に対する売掛債権に18件、合計136百万円の回収遅延があった。
　このうち12件、98百万円の遅延期間は1か月であったが、残りの6件、38百万円は満期日から6か月が経過していた。
　与信管理システムから「回収遅延債権明細表」がアウトプットされていたが、補助者が取引担当者に上げず、そのままファイルしていた。

監査意見１（表層的形式的な点検と監査意見）

　XYZ社あて売掛債権中18件、合計136百万円の回収が遅延していた。

　補助者は、回収遅延債権明細表を取引担当者に提出せずに、そのままファイルしていた。

　因って、以下の２つを提言する。

① 　18件の回収遅延債権を可及的速やかに回収すること。

② 　今後は、回収遅延債権明細表を業務担当者経由で営業部長に提出するとともに、捺印を受けてファイルすること。

監査意見２（実態と本質を的確に識別する点検と監査意見）

　XYZ社に対する売掛債権に18件、合計136百万円の回収遅延があった。このうち12件、98百万円の遅延期間は１か月であったが、残りの６件、38百万円は満期日から６か月が経過していた。

　因って、以下の３つを実行するよう提言する。

① 　18件、合計136百万円の回収遅延債権を早急に回収するとともに、遅延の原因を解明する。必要であれば、出荷を暫時停止する。

② 　XYZ社の流動性及び営業状況等、与信上の不安がないかどうかを早急に検討する。必要であれば、取引関係を解除する。

③ 　営業部長が責任を持って、再発防止の体制を整備し、管下職員に励行させるとともに、自ら定期的に回収状況を点検する。

解　説

　売掛債権の回収が遅延した場合に営業部署が行なうべき対処は、支払遅延の事由を質す、出荷を止める、早急に債権を回収する、です。

　回収遅延という異常事態の発見が遅れた場合に営業部署が行なうべき対処は、その原因を究明し、再発防止措置を施す、です。

回収遅延債権明細表は回収遅延を知らせるウォーニング・リストですから、遅延理由の解明と支払の督促をしなければなりません。

　ともすると、監査人は補助者の責任を追求しがちですが、この設例においては、上位者が善管注意義務を怠っていたのですから、監査人は、上司に回収遅延債権明細表を提出しなかった補助者の怠慢だけでなく、回収遅延が発生していないかどうかを確認していなかった業務担当者、営業課長、営業部長の怠慢も指摘しなければなりません。

設例2

事　象

　信用管理の状況を点検した際に「取引先の信用度を10段階に区分して濃淡管理を行なっている」との説明を受けた。

　この説明の裏付け資料として「取引先格付リスト」を入手した。そのリストには、取引先が10段階に分類されていた。

監査意見1 （表層的形式的な点検と監査意見）

　監査先は、取引先の信用度を分析して10段階に区分し、「取引先格付リスト」を作成して、濃淡管理を行なっている。

　当社は、よく管理されており、内部統制上の懸念はないと判断されるので、特に指摘・提言する事項はない。

監査意見2 （実態と本質を的確に識別する点検と監査意見）

　監査先から、「取引先の信用度に応じて10段階に区分し、濃淡管理を行なっている」との説明を受けた。その裏付け資料として「取引先格付リスト」の提示も受けた。

格付の低い（信用に不安のある）販売先に対する信用供与（与信）を実際に厳しく管理（濃管理）しているかを確かめるために、濃管理先と淡管理先の信用限度の設定手続及び承認者等について点検したところ、何の違いもないことが判明した。
　要するに、販売先の信用度に応じた「取引先格付リスト」を作成していただけであり、濃淡を付けた信用管理をしていなかった。
　しかも、販売先の信用度に応じて管理しているとの説明を受けたが、正確には販売先の会社規模であり、信用度とは異なるものであった。
　因って、濃淡管理とはどういうものか、その目的は何か、どのように行なえばよいか等を説明し、有効に実践するよう提言する。

解 説

　監査意見1のように、懐疑心を持たず監査先の説明を鵜のみにして、表層的点検を行なっていると、物事の実態を見誤ります。
　監査意見1は、「取引先格付リスト」を見ただけで本当に活用されているのかを点検せず、濃淡管理を実施していると短絡的に思い込んだ、浅薄な監査意見です。
　監査意見1のように、それ以外の事項についての監査意見を受け入れさせる目的で、何の確証も得ずに「よく管理されている」と安易にほめると、監査リスクを生みます。

設例3

事 象

　信用管理の状況の点検において、3件、合計12百万円の信用限度額の超過を発見した。限度超過の原因は、急激な需要の拡大にあった。

監査意見１（表層的形式的な点検と監査意見）

　３件、合計12百万円の信用限度額の超過があった。その原因は急激な需要の拡大にあった。

　因って、以下のように指摘・提言する。

　３件、合計12百万円の信用限度額超過があったが、その原因は急激な需要の拡大という特殊事情にあった。

　３件の信用限度について可及的速やかに増額の手続をするとともに、今後は、限度違反を予防するために、需要動向を適時的確に把握して、必要な限度の増額手続を遅滞なく迅速に行なう必要がある。

監査意見２（実態と本質を的確に識別する点検と監査意見）

　３件、合計12百万円の信用限度額の超過があった。その原因は、限度管理を怠り、販売先の注文をそのまま受けて出荷したことにあった。

　因って、以下のように指摘・提言する。

　限度管理を怠り、販売先の注文をそのまま受けて出荷した結果、３件、合計12百万円の信用限度額超過となった。

　信用限度を設定する目的は、販売代金を確実に回収して貸倒れによる損害を予防することにある。

　従って、設定限度額を超えることのないよう、限度の使用状況を適時かつ的確に把握し、超過する可能性が高くなったときは、直ちに以下の何れかの手段を講じる必要がある。

　① 　出荷数量を抑える
　② 　限度を超過する分については現金引換条件で出荷する
　③ 　限度を超過する分については担保又は保証を取得する
　④ 　上記の３つの何れかを組み合せる

解 説

「限度違反を予防するために、需要動向を適時的確に把握して、必要な限度の増額手続を遅滞なく迅速に行なう」とした監査意見1の提言は、信用管理の目的を見失って限度違反の予防を優先した（そのために信用管理を無効にする）、本末転倒の提言です。

信用限度とは、販売代金や貸付金の回収を確実にするために、相手の支払能力の限界を分析及び試算しかつ時間をかけて考慮して設定する、信用度の限界です。

信用限度の安易な増額手続は、与信リスクを拡大する（回収を危うくする）、信用限度管理の目的に反する行為なのです。

監査意見1のような誤った判断は以下に起因します。
① 急激な需要の拡大と限度違反という事象の表層だけを見て、**信用管理＝損失の予防**という本質を見誤り、信用管理＝限度管理と誤解している。
② その結果、短絡的に急激な需要の拡大への対応と限度違反を防止するための増額手続が重要であると錯覚した。

販売先の販売が拡大すれば現金収入が増大するので代金回収の心配は不要と考えたとすれば、とんでもない誤認です。

現金販売をしている場合にはこのような意見が通用しますが、取引が掛売（代金後払）条件であるために信用限度を設定しているのですから、現実を無視した机上の空論となります。

設例2で紹介した、取引先の信用度を検討して格付し、その信用度に応じて濃淡を付けた限度管理を行なう目的は、低格付の取引先に対する信用の供与（**与信**）を厳しくすることにあります。

ですから、営業部長による安易な信用供与を許さないように、格付の低い取引先の限度設定や増額手続については営業本部長の承認の取得を条件付ける（持上げルールを規定する）のが一般的です。

　従って、安易な信用限度の増額の申請（上申、申立、稟議）は、営業部長が営業本部長に責任を押し付ける行為でもあるのです。

　営業本部長は、持上げルールの目的と意味を理解し、稟議内容を吟味して判断しなければなりません。

2　失敗は成功の母：何事も反省をすることの重要性

　一般社団法人日本内部監査協会のセミナーに、1泊2日で内部監査を模擬体験する「実務演習Ⅲ」があります。これは、親会社、国内子会社、海外子会社に対する内部監査の予備調査、実地監査、内部監査部長への概要報告を模擬体験するもので、セミナーの眼目は、次の3つです。

① 　重要事項の看過・誤認、時間切れ等の失敗を体験し、その原因を反省することにより、改善に役立てる。
② 　不適切な監査意見について、何が何故拙いのかを理解する。
③ 　内部監査人として報告をする立場と内部監査部長として質問・指導・評価をする立場の両方を模擬体験することにより、内部監査に取り組む際の視野を拡げ、かつ視点を高める。

　「失敗は成功の母」ということわざがあります。内部監査で失敗するのはそれなりの理由があります。失敗原因を究明して、同じ失敗を繰り返さないよう反省、工夫、改善の努力をすることが肝要です。要領よくできたときも、その原因を究明し、次に活かすことが肝要です。

実務演習Ⅲで耳にする適切でない監査意見を次項において例示しますので、意見形成の際の参考にして下さい。

3　その他の不適切な監査意見の例示

(1)　○○の不備があるので改善して下さい

　これは、要請であって、監査意見ではない。指摘された事項が改められても、再発防止には役立たない。

(2)　○○することを検討して下さい

　このような具体的な改善策を示さない要請は、「検討しましたが、変更の必要はないと思います」とかわされてしまう。

(3)　○○について見直して下さい

　このような具体的な改善策を示さない要請も、「見直しましたが、現行のままでよいと思います」とかわされてしまう。

　(2)と(3)は、反論を惧れ、差障りのない無難な監査意見に纏めようとする意識が働いたためにでる、対応を期待しない要請である。

(4)　○○の規則がないので、規則を定めて下さい

　これでは、規則が増えるだけで、抜本的対処とはならない。規則を定めても、それが遵守されなければ、無意味である。
　規則の整備は重要ではあるが、詳細な規則を定めると規則だらけになり、誰も読まなくなり、結果的に誰も遵守しなくなる。尚、規則を定めるのは、監査先ではなく、規則制定部署である。

(5) 責任者の承認印を貰って下さい（第5章Ⅱの1の［6］を参照）

　責任者の承認印は、責任者が文書の内容を点検して「これでよい、問題があれば自分が責任を負う」と表明するものであり、責任者印が押されていないということは、部下又は責任者の怠慢による社内規則違反である。

　このことを明示した上で、責任者が多忙で管理監督が困難な場合は代行者を任命してその業務を代行させるよう提言する必要がある。

---

column 6

内部監査の歴史と目的の変遷　その1

　米国のPennsylvania Railroad Companyが、1852年に従業員による重大な誤謬及び不正の摘発を目的に開始した。同社は、treasurerを責任者とする財務部とcontroller兼auditorを責任者とする会計部を分離し、後者に、総ての収入及び支出についての伝票及び記録の保管状況、責任者署名の有無、伝票と証憑の照合による処理の適切性の点検並びに監査結果の社長宛報告を行なわせた。

　日本では、三菱合資会社が、1918年に上記と同様の目的で内部監査に関する内規を制定し、経理課長が分系会社に対する所有者型内部監査を開始した。

　太平洋戦争中に、原材料、生産設備、労働力の有効活用による良質の武器の能率的生産を目的に、陸海軍による軍需工場に対する外部監査が実施されたため、被監査会社はその受入体制の整備のために内部監査を開始した。

 実効を上げる内部監査の要領と手続

　本書においてこれまで解説してきた現代の実践的内部監査の実効を上げるための要領及び手続を簡潔に纏めると、以下の通りです。

① 　内部監査組織の監査目的の明確化
　　経営目標の達成を支援することにより、健全かつ継続的発展という事業目的の実現を支援する。

② 　内部監査の基本知識の習得
　⑴　社内規程の整備状況だけでなく、その内容の網羅性、適正性、有効性等も点検する。
　⑵　社内規程に準拠しているか否かだけでなく、準拠していない理由及びできない原因を究明する。
　⑶　契約⇒受渡⇒決済と連続する業務の有効性及び上司による当該業務における日常的モニタリングの有効性を点検する。
　⑷　業績の分析及び比較によって業績の成長性、事業収益の十分性、継続企業（又は社内組織）としての存続能力の十分性を検証する。
　⑸　潜在している異常な事態を遺漏なく発見し、その発生原因を究明し、その抜本的解消に有効な施策を提言する。

③ 　基本知識の応用のための監査技術及び監査手続の習得
　　閲覧、趨勢分析＝勘定分析の実数分析に比率分析を付加、突合、比較、年齢調べ、面談、実査、立会、視察、確認等を習得する。

④ 個別監査における網羅的予備調査の実施

予備調査においては、監査リスク・ベースの監査手法を活用して、先ず山を見る、次に森を観る、そして木を視る。

(1) 監査先の組織、業務、業務目標、実績、固有リスクの概要把握
(2) 重大な固有リスクと内部統制の評価による重大な統制リスクの識別
(3) 適切な監査目標及び監査要点の設定
(4) 監査目標に適合した監査手続の選択及び適用
(5) 監査目標に適合した監査実施手順書の作成

⑤ 実地監査における監査の基本知識の活用及び監査技術の適用による監査要点の当否の検証

実地監査においては、監査技術及び手続を活用して木を視る、異常な事態については枝を診る。

(1) 実態の把握、事実の確認

監査証拠の入手によって把握及び確認をする。

監査証拠を入手できない場合は、論理的合理性を検討する。

- 物事を、思考を凝らしながら、広く、深く、かつ多面的に見る。
- 物事の外見ではなく、実質を見抜き、実体及び実態を見極める。

(2) 業務の適否及び良否等の評価

法令、規則、社内規程、基準と実態の突合により、適法性、正確性、効率性を検討する。

(3) 業務の有効性の評価

目標と実績等の成果の差異を把握し、目標を達成しているかどうかを評価する。

目標を設定していない場合は、有効に機能している証拠又は機能していない証拠を入手し、効力を発揮しているかどうかを検討する。

(4) 業績の趨勢の評価

連続する3つ乃至5つの時点の数値の趨勢分析を実施する。

物事及び会計数値を動的に視て、趨勢又は傾向を把握する。

(5) 監査手続の適用による異常な事態の有無の確認

専門職としての懐疑心を持ち、正当な注意を払って調査する。

(6) 異常な事態の原因の究明

当該事実を立証する監査証拠を入手する。

(7) 監査証拠の入手による事実の確認

経営者の懸念事項及び関心事についての事実を確認する。

⑥ 全体最適の暫定的監査意見の形成

監査人（個別監査の実施者）としての暫定的監査意見を形成する。
全体最適の観点で、合理的かつ客観的監査意見の形成に心掛ける。
確認した事実と意見を混同したり混同させたりしないよう留意する。

- 指摘：異常な事態の原因及び実情
- 提言：異常な事態の抜本的解消に有効な施策

　提言は、改善措置とは限らない。場合によっては、当該事業からの撤退（子会社の売却及び清算を含む）もある。

⑦ 合理性、客観性、全体最適性の吟味による監査意見の確定

　暫定的監査意見と監査証拠の突合により、監査意見の合理性、客観性、全体最適性を吟味して、監査リスクの低減に努める。

　監査リスクとは異常な事態の看過及び事実の誤認であり、監査人だけでなく、監査組織の責任者及び上位者も点検、吟味、添削して、監査組織としての監査意見を確定する。

⑧ 正確かつ説得力のある監査意見の提供及び監査結果の報告
  (1) 監査先責任者に対する監査意見の正確な通知
    ● 監査結果の概要
    ● 監査結果の詳細
    ● 指摘及び提言（項目別かつ重要性の順番で記載）
  (2) 最高経営執行者に対する監査結果の正確な報告
    ● 監査結果の概要
    ● 指摘及び提言の概要

---

column7

内部監査の歴史と目的の変遷　その２

　日本において内部監査が広範囲かつ飛躍的に普及したのは、1951年に実施された証券取引法に基づく公認会計士による外部監査の受入体制の整備のために内部監査を実施する必要に迫られて以降であった。

　日本における内部監査は、従業員による重大な誤謬並びに不正の摘発及び牽制を目的に会計責任及び会計管理の検証という会計監査を中心に行なわれてきたが、1980年代から1990年代にかけて改善施策の提案による業務担当部署の能率向上の支援及び有用情報の提供による経営者に対する貢献を目的とする会計監査及び業務監査に移行した。会社によっては、経営診断を行なう経営監査も志向された。

　業務の効率化が進んだ今日期待されている内部監査は、社内規程への準拠性、業務処理の正確性、記録の保管状況の点検よりも、経営管理の質的評価によって事業体の健全かつ継続的発展を支援する監査即ち最高経営執行者及び取締役会等に貢献する監査である。

IX 経営に貢献する内部監査実施上の留意事項

1　監査全般における留意事項

- 監査人は、スタッフとしてアドバイスを提供するだけであり、ライン組織への指示及びコンサルティングをしてはならない。

- 監査人は、独立性及び客観性を保持するために、監査先と利害関係を有するときは、当該監査を回避しなければならない。

- 内部監査人の職務とは、立派な監査報告書を提出することではなく、経営目標の達成、事業の継続、事業体の存続を危うくする異常な事態の抜本的排除に有効な助言を提供し、その実行に導き、実現させることによって、事業体の健全かつ継続的発展に貢献することである。

- 業務担当部署の個別業務だけを監査するのでなく、部署間の連携及び会社全体のシステム等にムリ、ムラ、ムダ等の合成の誤謬（ある部署の効率化によって生じる他部署の非効率化という矛盾）がないかを、全体最適の観点（＝経営者の観点）で検証する。

2　予備調査における留意事項

- 先ず山を見る、次に森を観る、そして木を視るという手順を踏む。

- 監査リスク・ベースの手法で、適切な監査要点を効率的に設定する。

- 費用対効果の高い監査実施手順書を作成する。

3　実地監査における留意事項

- 先ず木を視る、特定した異常な事態については枝を診る。

- 監査要点を重点的に検証し、異常な事態の確認に努める。

- 監査要点の当否を裏付ける監査証拠を入手する。

- 監査証拠に裏付けられた合理的監査意見を形成する。

- 監査証拠の十分性と監査意見の正当性を入念に吟味する。

4　意見表明における留意事項

- 監査先責任者及びその主管者の納得及び同意を得るため、読みやすくわかりやすい文章で、監査結果通知書を作成する。

- 異常な事態の原因及び実情並びにその抜本的解消に役立つ監査意見を重要性及び／又は緊急性の順に、簡潔明瞭に記載する。

- 多忙な最高経営執行者及び業務担当役員等が監査結果及び監査意見の重要性を把握できるよう、簡潔明瞭な短文で、監査報告書を作成する。

第7章 最高経営執行者等と内部監査人への提言

　全般的内部統制の整備なくして、会社の健全かつ継続的発展なし！
　実践的内部監査の整備なくして、内部統制の整備は成らず、会社の健全かつ継続的発展もなし！

最高経営執行者等への提言

1　最高経営執行者等の義務

　株主から会社の舵取を受託した取締役及び取締役会から会社の経営を受託した執行役は、基本的に、以下の義務を負っています。

(1)　善管注意義務（民644条）
(2)　職務遂行義務（会348条、362条、399条の13、416条、418条）
　　●業務の決定（業務執行の決定）
　　●業務の執行
(3)　報告義務（民645条、会438条）
(4)　忠実義務（会355条）
(5)　監督義務（会362条）
(6)　監視義務（最判1973年５月22日、大阪地判2000年９月20日）

　取締役及び執行役は、会社法において、業務の決定及び業務の執行という義務を課されています（会社法第348条、第362条、第399条の13、第416条、第418条）。
　会社法では、「事業戦略の決定、経営目標の設定、その達成に必要な経営資源の調達及び配分の決定、役員及び使用人の管理方法及び手段の決定等の意思決定」を「業務の決定」又は「業務執行の決定」と言い、その実行を「業務の執行」と言います。

会社法では、内部統制体制の整備を「取締役の職務の執行が法令及び定款に適合することを確保するための体制その他株式会社の業務並びに当該株式会社及びその子会社から成る企業集団の業務の適正を確保するために必要なものとして法務省令で定める体制の整備」と言います。

　内部統制体制の整備及び運用についても取締役、執行役、監査機関の義務として、次のものがあります。

(1)　内部統制体制の整備の義務
　　善管注意義務の一内容として義務付けられている（民法第644条）。

(2)　内部統制体制の整備に係る業務の決定の義務
　　業務の決定の一内容として義務付けられている（会社法第348条、第362条、399条の13、416条）。

(3)　内部統制体制の整備に係る業務の執行の義務
　　業務の執行の一内容として義務付けられている（会社法第348条、第362条、第399条の13、418条）。

(4)　内部統制体制の運用に係る監視の義務
　　職務の監督の一内容として義務付けられている（会社法第348条、第362条、第399条の13、416条）。

(5)　内部統制体制の整備及び運用に係る監査の義務
　　監査役、監査等委員会、監査委員会の監査の一内容として義務付けられている（会社法第381条、第399条の2、第404条）。

2　最高経営執行者等にとっての内部統制と内部監査

　内部統制は、経営目標の達成及びその積重ねによる事業目的の実現のために有用な経営用具又は経営管理手段の1つであり、総ての役職員が遵守すべき決め事及び総ての役職員による決め事の実践から成ります。
　内部監査も、経営管理手段の1つであり、使用人の業務活動に異常な事態が潜在していないか、経営目標を達成しているか、事業継続能力を確保しているかどうかを重点的に検証し、異常な事態の発見、その原因及び実情の指摘並びに抜本的解消に有効な施策を提言しかつその実現に導くことによって経営に貢献する業務です。

　経営目標の未達、多額の損失の発生、社会的信用の喪失は、業務上の異常な事態によってもたらされます。
　異常な事態が発生した原因は、全般的内部統制の体制と態勢の不備にあり、その主因は役職員の意識及び行動の欠如にあります。
　体制（システム）とは、規程及び基準の制定、職務の分担及び権限の付与による業務の牽制、手続、方法、様式等の決め事（仕組）です。
　態勢（プロセス）とは、役職員が規程、基準、手続、方法、様式等の決め事に従う身構え及び持続的行動です。

3　最高経営執行者等が銘記すべき事項

　改正会社法施行規則第118条は、「当該体制の運用状況の概要」という文言で、単なる体制の構築ではなく、態勢（プロセス）としての実効の確保を求めています。

内部統制は、どのようなシステムを構築しても、総ての役職員が決め事をプロセスとして実践しなければ、有効に機能しません。内部統制を有効に機能させるためには、その整備目的及びプロセスとしての実践の重要性についての、企業集団の総ての役職員に対する、経営者の明確な意思表示が必要です。

　更に、全般的内部統制の有効性の点検、不備の発見、補正のために、日常的モニタリング（組織の上位者による部下の業務の点検）と独立的評価（管理部門による牽制）を実施させる必要があります。

　財務報告に係る内部統制の評価は、財務報告の信頼性の確保を目的とするものであり、事業継続能力の確保（その阻害要因の排除）を目的とするものではありませんから、内部監査組織をその評価業務に専従させてはなりません。

　本末転倒としないよう、財務報告に係る内部統制の評価の業務は内部監査組織以外の組織に担当させること、内部監査組織には、全般的内部統制の有効性の評価を含む異常な事態の発見及びその抜本的解消に貢献する本来の業務を担当させることが肝要です。

　経営者は、全般的内部統制の構築及び運用並びに内部監査の整備及び有効活用によって、次の事項の実現が可能となります。

* 業務の有効性及び効率性の向上による、経営目標の達成及び継続企業としての存続能力の確保
* リスク・マネジメントとコンプライアンス（法令の遵守及び社会規範の尊重）の徹底による、有形及び無形の会社資産の保全
* 適正な事業報告、有価証券報告書、内部統制報告書の作成

内部監査については、次のような異なる意見があります。

＊人間の本性は悪であるから、不正の摘発が重要である。（性悪説）
＊人間の本性は善であるから、内部監査は重要ではない。（性善説）
＊人間の本性は弱であるから、内部監査は不可欠である。（性弱説）

これらを議論するよりも、内部監査を空港や会社等のセキュリティ・チェックと考えれば、その要否は自ずと明白になります。内部監査は、経営目標の達成並びに損失及び不祥事の予防という、会社等の事業体の健全経営に不可欠の機能です。

不正の摘発を前面に出すと、監査を受ける側に警戒感或いは嫌悪感を持たれて、本来の機能を果たすことができません。不正の摘発を目的としなくても、業務上の異常な事態を発見して原因を究明すれば、誤謬、怠慢、不正の何れによるものかが判明します。

内部監査を円滑に実施してその実効を上げるためには、「内部監査は監査を受ける側が与えられた任務を適切に遂行していることを保証する業務である」との姿勢で臨む必要があります。

内部監査を有効に機能させるためには、次の2つの措置が必要です。

＊与えられた任務を適切に遂行していることを証明する裏付資料の「提出義務（挙証義務）」が監査を受ける側にあることの明確化
＊「事前承認」や「事後承認」という用語と考え方の排除
　承認は事前に取得すべきものであり、これらの用語の使用が内部統制を無効にします。

内部監査人への提言

1　内部監査人としての本務の再認識

　筆者は、2006年9月に刊行した本書初版の第7章において、「今こそ内部監査人に光が当てられるとき」という見出しで、①会社の代表者を取り巻く環境が大きく変わるので代表者が内部監査組織の活躍と貢献を要請するようになることを述べ、②代表者が要請する業務等とは以下のものであると述べました。

①　内部統制を構築するための助言とその点検業務
②　内部統制報告書を適切に提出するための助言とその点検業務
③　本来の内部監査業務の整備及び強化
④　内部監査の品質の向上
⑤　内部監査の重要性の認知

　上記に続けて、③内部監査人は、自分が所属する事業体の内部統制の整備・運用状況を検討、評価し、必要に応じて、その改善を促す職務を担っているが、この職務は内部監査の実施において果すべきものであるとも述べました。
　しかしながら、内部監査人に当てられた光が強過ぎたためか、本来の職務ではなく、財務報告に係る内部統制の有効性の評価業務に専念する内部監査人が増えてしまいました。

財務報告に係る内部統制の評価だけに専念すると、第4章のⅡの4で詳説した通り、当該評価の対象外に潜在している多額の損失をもたらす異常な事態を発見できないリスクが高くなります。
　それだけでなく、内部監査人が、内部統制の構築業務を担当又は深く関与して、自らの独立性を損ねている事例も少なからず見られます。

2　内部監査人の内部統制への関与

　三権分立の原理にたとえると、内部統制の体制及び態勢の構築は立法機関が行なうものであり、その運用は行政機関が行なうものです。内部監査は、公正不偏の司法機関に相当します。

　内部監査人は、内部監査組織以外の組織の内部統制の体制を構築する主体者となってはならず、客観的助言に留めるべきです。その理由は、自らが主体者となって構築した内部統制の体制の有効性について、自ら評価することができないからです。
　これは、内部統制の体制の構築だけでなく、リスク・マネジメントやコンプライアンスの体制の構築という業務においても該当します。
　内部統制の有効性のモニタリングは、業務プロセスの有効性の検証によって、その効果を発揮します。

3　本務に反する業務命令にどう対処するか

　あなたが、会社代表者から、内部統制システムの構築とその有効性の評価という本来の業務に反する業務を命じられたときに、以下のように説明して、その理解を得るように努めるのが賢明です。

① 内部監査人の本務は、独立的かつ客観的立場で、監査先の内部統制、リスク・マネジメント、コンプライアンスの体制（システム）及び態勢（プロセス）の適切性、有効性、妥当性、十分性、適時性を点検、分析、評価し、会社の代表者及び取締役会に合理的保証を提供するスタッフとしての業務であり、それらの体制の構築、有効性の点検、不備の改善を行なうラインとしての業務ではない。

② 内部監査人がそれらのライン業務を兼務すると、スタッフ業務である内部監査を実施できなくなる。敢えて監査を実施すると、その客観性を保証できなくなるだけでなく、独立的評価機能としての自らの存在理由（レゾン・デートル）を喪失してしまう。

③ 全般的内部統制、リスク・マネジメント、コンプライアンスの体制の整備は、専門の組織を設置して推進する必要がある。内部監査組織は、要員の提供（＝社内出向）と整備上の助言の提供によって、その組織の活動を支援する。

④ 内部監査人は、個別内部監査の実施において、監査先の組織と業務の内部統制の有効性を検証するが、その目的は、業務目標の達成、業務の継続、組織の存続を阻害する未対処の重大なリスク及び内部統制の不備等の異常な事態の発見、その実情の指摘及び抜本的解消に有効な助言の提供であり、内部統制の有効性の検証そのものではない。

⑤ 内部監査人が財務報告に係る内部統制の評価に専念すると、未対処の重大なリスク及び内部統制の不備等の異常な事態の発見が困難となり、業務目標の達成及び組織の存続を阻害するリスクを排除できない。

上記のように意をつくして説明し、内部監査組織とは別の、内部統制システムの構築と有効性のモニタリングを専門に担当する、専従組織を設置して貰うのが適当です。

　モニタリング業務は点検方法の工夫で不都合を克服できますが、内部統制システムの構築は、天に唾するに等しいものですから、引き受ける業務範囲を助言に限定する必要があります。

　専従組織に必要な人員は、内部監査組織から転籍若しくは出向させる又は内部監査組織で養成する、とすればよいでしょう。

　意をつくして説明しても理解を得られず、内部統制システムの構築とその有効性のモニタリングという業務を引き受けざるを得ない場合は、以下のように対処するのがよいと思います。

① 引き受ける業務及び責任を内部監査人の独立性と客観性を保持できる範囲に限定する。

② 内部監査人がこのような業務を担当するのは好ましくないので、ある時点で他の組織に移管する工夫をする。

③ このような業務に一定の区切りがついた時点で、代表者の説得を再度試みる。

　内部監査組織が内部統制システムの構築及び評価等の業務を担当しなければならない場合は、IIA（内部監査人協会）が公表している『**全社的リスク管理における内部監査の役割**』に関する**姿勢声明**を参考にして内部監査の独立性と客観性を保持できる範囲に業務を限定すればよいと思います。

姿勢声明は、エンタープライズ・リスク・マネジメント（ERM）における内部監査の中心的役割（内部監査が果たすべき役割と果たすべきでない役割）を示したガイドラインです。

4　IIAの『姿勢声明』

IIAは、COSOの『エンタープライズ・リスク・マネジメントの統合的枠組』（以下においては、ERMと略します）の公表に合わせて、2004年9月29日に、『全社的リスク管理における内部監査の役割』に関する方針書（姿勢声明）を公表しました。

姿勢声明は、全社的リスク管理の整備において内部監査人が提供する助言業務（非監査業務）の客観性と独立性を維持するために必要な内部監査人として遵守すべき事項を、以下の3つに分けて示しています。

① ERMに関する主要な内部監査の役割
- リスク管理プロセスに関するアシュアランス（保証）の供与
- リスクが正しく評価されているというアシュアランスの供与
- リスク・管理プロセスの評価
- 主要なリスクの報告の評価
- 主要なリスクの管理のレビュー

② 安全装置を持った正当な内部監査の役割
- リスクの識別及び評価のファシリテート（司会、進行）
- リスク対応における管理者の指導
- ERM活動の調整
- リスクに関する報告の総括

- ERMの枠組の維持及び展開
- ERMの確立の支援
- 役員会の承認のためのリスク管理戦略の展開

③ 内部監査が引き受けるべきではない役割
- リスク・アペタイト（リスク受容意欲）の設定
- リスク管理プロセスの強制
- リスクにおける経営的アシュアランス
- リスク対応に関する決定
- 経営者に代わるリスク対応
- リスク管理の説明義務

　姿勢声明は、内部監査人がリスク管理システムの整備において助言を行なう場合に遵守すべき事項を示したものですが、内部統制システムの構築と運用について助言を行なう場合や内部統制の評価を行なう場合の参考にもなるでしょう。

　姿勢声明については、一般社団法人日本内部監査協会のホームページ左下のERM資料から、原文と筆者の和訳文の入手が可能です。興味があれば、以下のアドレスにアクセスして下さい。

http://www.iiajapan.com/data/ERM/IAinERM.pdf

5　内部監査なくして会社の発展なし

　内部監査は、会社の役職員、株主、投資者、借入先、取引先、消費者等の利害関係者を護り、自社及び企業集団各社を健全かつ継続的に発展させる上で、必要不可欠な業務です。

筆者は、内部監査人の皆さんに、万感を込めて、以下の2つの標語を贈ります。

全般的内部統制の整備なくして、会社の健全かつ継続的発展なし！
実践的内部監査の整備なくして、内部統制の整備成らず、会社の健全かつ継続的発展もなし！

これは、単なる見かけだけの見栄や掛け声ではありません。自社及び企業集団各社にとって重要な全般的内部統制、リスク・マネジメント、コンプライアンスの体制及び態勢は、実効を上げる内部監査による検証及び提言によって堅固なものになり、その効果によって会社が護られるからです。

内部監査人は、監査先責任者、当該業務担当役員、最高経営執行者、取締役会、監査役、関係者等から感謝され敬意が払われる専門職となるべく努力して下さい。何事にも使命感を持って臨み、達成感と満足感を覚える内部監査を実施して下さい。

内部監査人に期待されているものは、実効を上げる監査意見の提供による、自社及び企業集団各社の継続企業としての存続能力の確保と健全かつ継続的発展の実現への貢献です。本書がその一助となれば、筆者にとってこれに勝る喜びはありません。

ガンバレ内部監査人！

column 8

ハインリッヒの法則とヒヤリ・ハット

　ハインリッヒの法則（Heinrich's law）は、1つの重大事故の背後には29件の軽微な事故・災害があり、その背景には300のヒヤリ・ハットする異常事例が存在するという労働災害における経験則の1つである。

　これは米国の損害保険会社で技術・調査部副部長をしていたHerbert William Heinrichが1931年に刊行した『Industrial Accident Prevention‐A Scientific Approach』で紹介したものであり、この法則名は彼の名前に由来している。

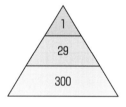

1件の重大な事故・災害
29件の軽微な事故・災害
300件のヒヤリ・ハット

　これは、『災害防止の科学的研究』（日本安全衛生協会、1951年刊）で日本に紹介され、メーカーやゼネコンで「安全の基礎知識」として採用され、国鉄でも労災事故防止を目的とする「330運動」に組み込まれた。

　2000年に続発した医療事故をうけて医療過誤に対処するために厚生労働省が発表した「リスクマネージメントマニュアル作成指針」においても取り上げられたが、顕著な効果は認められなかった。その理由は、医療過誤の原因が、緊張感と集中力の欠如にあったからである。

　ハインリッヒの法則は、製造現場や工事現場における労働災害の防止には有効であるが、医療現場においては有効とはならないのである。

　リスク・マネジメントの手法は多々あり、その採用においては、何が最適のものかを十分に検討することが肝要である

法令用語の約束事

よく使われる法令用語の意味及び基本的用法を以下に例示する。

1．及び、並びに、かつ、又は、若しくは の用法

(1) **及び**は、並列的な連結が１段階の場合に用いる。

　　発起人の氏名又は名称**及び**住所

(2) **並びに**は、並列する語句に異なる段階や結付の強弱がある場合に、大きな連結をするところで用い、小さな連結をするところでは**及び**を用いる。

　　国**及び**他の地方公共団体の職員**並びに**民間事業の従事者

(3) **かつ**は、**及び**と**並びに**よりも大きい連結、例えば、①動詞と動詞を結び付ける場合、②複数の形容詞句を結び付けて、一体の意味を持たせる場合、③複数の語や文章を、同時にという意味を持たせ強く結び付けて、何れも同等の重要性があることを示す場合に用いる。

　　公判廷は、裁判官**及び**裁判所書記が列席し**かつ**検察官が出席して

(4) **又は**は、選択的な連結が１段階の場合に用いる。

　　会計帳簿**又は**これに関する資料

(5) **若しくは**は、選択する語句に異なる段階がある場合、小さな選択をするところで用い、大きな選択をするところでは**又は**を用いる。

　株式会社の業務の執行に関し、不正の行為**又は**法令**若しくは**定款に違反する重大な事実

２．直ちに、速やかに、遅滞なくの用法

　直ちに、**速やかに**、**遅滞なく**は、時間的即時性を表わす言葉であり、時間的即時性の強い順序と基本的罰則の有無は、以下の通りである。

(1) **直ちに**は、即座に（今直ぐに）という意味で、一切の遅延が許されない場合に用いられ、罰則が付く。

(2) **速やかに**は、訓示的に用いられ、罰則が付かないとされていたが、1962年12月10日の大阪高裁判決で否定され、罰則が付いた。

(3) **遅滞なく**は、正当又は合理的理由がある場合は遅延が許されるが、意図的遅延の場合は罰則が付く。

３．乃至 の意味

　乃至（ないし）は、３つ以上の連続した事項を引用する際に、最初と最後だけを記載して、「○○から□□まで」という意味で用いる。

　「第57条**乃至**第62条の規定」＝「第57条から第62条までの規定」

監査用語の解説

　内部監査で使用する監査特有の用語を以下において概説するが、あくまでも内部監査に限定した語意であることに注意して戴きたい。

意見表明

　監査結果通知書による監査先組織の責任者に対する監査意見の伝達、及び監査報告書による最高経営執行者に対する監査意見の伝達

往査

　監査を実施するために監査人が実地に赴く行為

回答書

　監査先組織の責任者が監査意見(指摘及び提言)に対する措置を記載して監査組織の責任者に提出する文書

監査意見

　監査人が監査証拠に基づいて述べる意見(＝指摘及び提言)

監査結果通知書

　監査組織の責任者が実施した監査の概要及び監査意見等の監査結果を監査先組織の責任者に通知するもの

監査項目

　監査人が評価及び確認するために検証する監査の対象項目

監査実施手順書（監査プログラム）
　実地監査の効果的・効率的実施のために、実地監査で検証する項目、方法、手順を具体的かつ詳細に纏めた予定表

監査証拠
　監査人の監査意見を立証する証拠としての資料及び事実

監査対象
　監査人が評価及び確認するために検証する監査の対象物

監査調書
　実施した予備調査から監査意見の表明に至る一連の監査行為及び監査結果を詳細に記載した文書

監査範囲
　監査人が評価及び確認するために検証する監査の対象範囲
　（これを細分化したものが監査項目）

監査報告書
　監査組織の責任者が最高経営執行者に提出する監査結果の報告書

監査目的
　監査組織が監査の実施により実現しようとする事柄

監査目標
　監査組織及び監査人が個別監査の実施により実現しようとする事柄

監査要点

　監査意見（指摘及び提言）の基となる異常な事態を効率的に識別する監査を実施する上での要点

監査予備調書

　予備調査を実施して把握した監査先の組織及び業務の概要、設定した監査目標、監査要点、監査要点として設定した理由、監査範囲及び監査項目、往査場所及び日程等の予備調査の結果を詳細に記載した文書

実地監査（現場監査）

　監査人が監査先に赴いて（実地で、現場で）実施する監査
　（机上監査又は書面監査に相対する用語）

本格監査

　監査要点の検証、監査証拠の収集、監査意見の形成、監査証拠の証拠力及び監査意見の合理性の検討、監査リスクの有無の検討等の実地監査から監査調書の完成に至る一連の監査行為
　（予備調査に相対する用語）

フォロー・アップ

　監査人が回答書に記載された措置が約束通りに実施されたかどうかをその完了予定時期に検証する監査業務

予備調査

　実地監査の事前準備として実施する机上調査又は書面調査
　（実地監査に相対する用語）

索　引

[ア]

アシュアランス業務……………………………………… 35

意見表明の業務……………………………………… 13, 150, 162
異常な事態…………………………………………… 8, 48, 91
インターナル・コントロール……………………………… 48, 87

[カ]

開示統制及び手続………………………………………… 60
会社法、会社法施行規則………………………………… 65
ガバナンス………………………………………………… 34, **42**
監査委員会……………………………………………… 180
監査意見………………………………………………… 111
監査技術………………………………………………… 111
監査実施手順書………………………………… 144, **158**, 196
監査証拠………………………………………………… 111
監査手続………………………………………………… 111
監査等委員会………………………………………… 41, 63, 180
監査役…………………………………………………… 40, 65, 180
監査要点…………………………………………… 125, 140, **145**
監査リスクの構成要素………………………………… 133
　　財務諸表監査………………………………… **134**, 136
　　　監査リスク……………………………………… 134
　　　固有リスク……………………………………… 135
　　　統制リスク……………………………………… 135
　　　内部統制………………………………………… 135
　　内部監査………………………………………… **135**, 137
　　　監査リスク……………………………………… 135
　　　固有リスク……………………………………… 135
　　　統制リスク……………………………………… 135
　　　内部統制………………………………………… 135

199

監査リスク・ベースの監査………………………… 133, 138, 143
監視義務……………………………………………………… 46, 64

機会（不正のトライアングルにおける機会）……………… 97
機会（リスク・マネジメントにおける機会）……………… 74
金融商品取引法……………………………………… 69, 102
危機管理、クライシス・マネジメント…………………… 76

継続企業………………………………………………… 26, 31
現代の実践的内部監査………………………… 90, 103, 107

合理的保証……………………………………………… 52, 55
コーポレート・ガバナンス…………………………… 34, 86
コーポレート・ガバナンス・コード……………………… 42
固有リスク……………………………………………………… 135
コンバインド・コード……………………………………… 42
コンプライアンス……………………………………… 80, 88

[サ]

財務報告に係る内部統制……………………… 61, 71, 86
財務報告に係る内部統制の評価…………… 101, 118, 182
三様監査………………………………………………………… 19
　外部監査…………………………………………………… 19
　監査役監査………………………………………………… 19
　内部監査…………………………………………………… 21
三様監査の目的……………………………………………… 24
　会社法監査……………………………………………… 26, 28
　外部監査…………………………………………………… 24
　監査役監査………………………………………………… 28
　金融商品取引法監査…………………………………… 25, 28
　内部監査…………………………………………………… 29
三様監査の目的の相違点………………………………… 30

システム……………………………………………………… 49

受託職務……………………………………………… 34
情報開示……………………………………………… 34

スチュワードシップ・コード……………………… 42

説明義務……………………………………………… 34
善管注意義務………………………………………… 62
全般的内部統制……………………………………**61**, 88

[タ]

テーマ監査…………………………………………… 142

統制リスク…………………………………………… 135
独立的評価…………………………………………… 94

[ナ]

内部会計統制システム……………………………… 50
内部監査人の基本的任務…………………………… 8
内部監査人に必要なもの…………………………… 9
内部監査人の属性と本務…………………………… 116
内部監査人の内部統制への関与…………………… 186
内部監査の基本業務………………………………… 12
内部監査の基本的手続……………………………… 149
　意見表明の業務…………………………………… 151
　本格監査の業務…………………………………… 151
　予備調査の業務…………………………………… 150
内部監査の具体的手続……………………………… 157
　意見表明の業務…………………………………… 162
　本格監査の業務…………………………………… 159
　予備調査の業務…………………………………… 157
内部管理体制………………………………………… 45
内部検査……………………………………………… 119
内部牽制システム…………………………………… 50
内部統制システム……………………………47, 54, 64

内部統制ストラクチャー……………………………… 50, 55
内部統制組織………………………………………… 48, 97
内部統制体制………………………………………… 48, 63, 131
内部統制と内部監査の関係………………………………… 99
内部統制報告制度………………………………… 58, 69, 102

日常的モニタリング……………………………………… **94**, 98

[ハ]

発見リスク…………………………………………………… 135

プロセス……………………………………………………… 49

法定監査……………………………………………………… 30
保証業務……………………………………………………… 35
本格監査の業務………………………………… 13, 151, 159

[マ]

3つの防衛線(3つのディフェンス・ライン)…………… 96

目的……………………………………………………… 4, 54
目標……………………………………………………… 4, 54

[ヤ]

予備調査の業務………………………………… 12, 150, 157

[ラ]

リスク……………………………………………………… 73, 76
リスク・アプローチの監査……………………………… 131
リスク管理体制…………………………………………… 63
リスク・ベースの監査…………………………………… 132
リスク・マトリクス……………………………………… 76
リスク・マネジメント………………………………… **73**, 88
リスク・マネジメントのプロセス……………………… 75

[外国の文献]

AICPA（米国公認会計士協会）
Statement on Auditing Standards (SAS) No. 55: *Consideration of Internal Control in a Financial Statement Audit*
（監査基準書第55号『財務諸表監査における内部統制構造の考察』）............ 51

COSO（トレッドウェイ委員会支援組織委員会）
Internal Control-Integrated Framework
（『内部統制の統合的枠組』）.. 49, 54
A Framework for Enterprise Risk Management
（『エンタープライズ・リスク・マネジメント（ERM）の統合的枠組』）...... 56

IIA（内部監査人協会）
The Role of Internal Auditing in Enterprise-wide Risk Management
(Position Statement)
（『全社的リスク管理における内部監査の役割』（姿勢声明））................ 188

[米国の法律]

The Foreign Corrupt Practices Act of 1977 (FCPA)
（1977年海外不正行為防止法（FCP法））... 57

The Federal Deposit Insurance Corporation Improvement Act of 1991 (FDICIA)
（1991年連邦預金保険公社改善法（FDICI法））................................. 58

The Sarbanes-Oxley Act of 2002 (SOA)
（2002年サーベインズ・オクスリー法（SO法））................................. 57
　第302条 59
　第404条 59

《著者紹介》

川村　眞一（かわむら　しんいち）

　1947年盛岡市生まれ。1970年三菱商事㈱入社。1980年7月から2000年3月まで20年余の殆どを5か国5社の海外事業投資会社CEO等として勤務。2000年3月末監査部へ転籍。2001年4月から2007年末退職まで監査部部長。
　2002年から現在まで一般社団法人日本内部監査協会等の講習会等で講師を務めている。

〈主要著書〉
『これだけは知っておきたい内部監査の実務（三訂版）』2016年
『現代の実践的内部監査（七訂版）』2021年
『これだけは知っておきたい取締役・監査役・監査部長等にとっての内部監査（改訂版）』2018年
『これだけは知っておきたい内部監査の手法　②〈不正・異常性発見の内部監査〉』2009年
『これだけは知っておきたい内部監査の手法　①〈グループ会社の内部監査〉』2009年
『内部統制と内部監査（増補版）』2008年
（何れも同文舘出版より刊行）

平成18年9月30日	初版発行
平成19年9月28日	初版4刷発行
平成20年1月10日	新訂版発行
平成21年7月30日	新訂版3刷発行
平成22年2月25日	三訂版発行
平成24年2月20日	四訂版発行
平成26年4月20日	四訂版3刷発行
平成26年7月20日	五訂版発行
平成28年3月18日	五訂版3刷発行
平成28年7月30日	六訂版発行
令和6年1月10日	六訂版10刷発行

（検印省略）

略称：内部監査基本（六）

これだけは知っておきたい
内部監査の基本（六訂版）

著　者　Ⓒ川　村　眞　一
発行者　　中　島　豊　彦

発行所　**同　文　舘　出　版　株　式　会　社**
東京都千代田区神田神保町1-41　〒101-0051
営業　(03) 3294-1801　　編集　(03) 3294-1803
振替　00100-8-42935　　https://www.dobunkan.co.jp

Printed in Japan 2016

製版　一企画
印刷・製本　三美印刷

ISBN978-4-495-18916-7

JCOPY〈出版者著作権管理機構　委託出版物〉
本書の無断複製は著作権法上での例外を除き禁じられています。複製される場合は、そのつど事前に、出版者著作権管理機構（電話 03-5244-5088、FAX 03-5244-5089、e-mail: info@jcopy.or.jp）の許諾を得てください。

本書とともに〈好評発売中〉

**これだけは知っておきたい
内部監査の実務
（三訂版）**

A5判・230頁
税込2,420円（本体2,200円）
2016年2月発行

**これだけは知っておきたい
内部監査の手法①**

A5判・180頁
税込2,200円（本体2,000円）
2009年9月発行

**これだけは知っておきたい
内部監査の手法②**

A5判・180頁
税込2,200円（本体2,000円）
2009年12月発行

**現代の実践的内部監査
（七訂版）**

A5判・426頁
税込3,960円（本体3,600円）
2021年3月発行

**取締役・監査役・監査部長等に
とっての内部監査（改訂版）**

A5判・234頁
税込2,750円（本体2,500円）
2018年9月発行

同文舘出版株式会社